心流学习法

内容提要

本书结合作者的教育实践经验,讲述了家长应当怎样帮助孩子成为有心流的学习者,快乐地走向成功。本书只解决一个问题——如何帮孩子构造学习上的心流。

本书分为7篇,共15章,详细介绍了引导孩子进入心流状态的6件法宝,以帮助孩子爱上学习。这6件法宝分别是日月星——自发的愿望萌发心流,讲经阁——规则与目标保障心流,数学墙——清晰的路径引导心流,秒杀课——自信的掌控支撑心流,炼丹炉——恰当的难度强化心流,悬赏令——即时的反馈达到心流巅峰。

本书中包含许多真实的故事和实用的教育方法,非常适合中小学生及学生家长阅读。如果你是教育工作者,那么这本书也能给你带来启发。

图书在版编目(CIP)数据

心流学习法 / 胡笳,夏昭著. — 北京:北京大学出版社,2024.6. — ISBN 978-7-301-35174-1

Ⅰ.G791

中国国家版本馆CIP数据核字第2024Q1F044号

书　　　名	心流学习法
	XINLIU XUEXI FA
著作责任者	胡　笳　夏　昭　著
责 任 编 辑	王继伟　刘羽昭
标 准 书 号	ISBN 978-7-301-35174-1
出 版 发 行	北京大学出版社
地　　　址	北京市海淀区成府路205号　100871
网　　　址	http://www.pup.cn　新浪微博:@北京大学出版社
电 子 邮 箱	编辑部 pup7@pup.cn　总编室 zpup@pup.cn
电　　　话	邮购部 010-62752015　发行部 010-62750672　编辑部 010-62570390
印 刷 者	河北博文科技印务有限公司
经 销 者	新华书店
	880毫米×1230毫米　32开本　6印张　160千字
	2024年6月第1版　2025年6月第2次印刷
印　　　数	4001-6000册
定　　　价	39.00元

未经许可,不得以任何方式复制或抄袭本书之部分或全部内容。
版权所有,侵权必究
举报电话:010-62752024　电子邮箱:fd@pup.cn
图书如有印装质量问题,请与出版部联系,电话:010-62756370

前言
PREFACE

在实打实地教过1000多个孩子后,我们的团队成功总结出一套能帮助孩子快速提高成绩的方法,我们称之为"心流学习法"。

这套方法基于心理学家米哈里·契克森米哈赖（Mihaly Csikszentmihalyi）所提出的心流（flow）理论。心流理论认为,当人因为内在驱动力而完全沉浸在一项活动中时,会进入一种特殊状态,感觉时光飞逝,忘记自我。

我自己就是心流理论的受益者,第一次接触这套理论时,我还是一个大学生。通过在学习和生活中应用心流理论,我取得了专业第一名的成绩,当上了学生会主席,考上了研究生。本书的另一位作者胡笛老师也是心流理论的受益者,她凭借全国青少年信息学奥林匹克竞赛金牌被保送北京航空航天大学,又申请到了美国研究生全额奖学金。

从我们从事教育工作的第一天起,我们就将"把孩子带进心流"这件事当成了使命。经过10年的沉淀,我们决定为积极心理学的发展奉献我们的点滴经验。这本书专注于一件事——让孩子在学习中进入心流,换言之就是让孩子爱上学习。

这本书适合中小学生、家长及教育工作者阅读,各种身份的读者都可以在书中得到启示。更重要的是,你可以将心流理论迁移到其他领域,如职业规划、团队管理,而迁移本身就是进入心流的一种奖励。下面,让我们开始这场心流之旅吧！

夏昭

目录
CONTENTS

第一篇 从零开始,认识心流

心流无处不在:十字绣的奥秘

1.1 无效教育:严格监督出来的"学渣" / 004

1.2 互换游戏:姨妈专注的秘密 / 005

1.3 心流意义:大脑是无法被监督的 / 008

1.4 心流选手:厕所做题哥的故事 / 010

1.5 学霸学渣:亲兄弟也会截然不同 / 011

心流摧枯拉朽：
"尖刀班"名师竟不如体育生？

2.1 校园"纵火案" /014

2.2 名师的滑铁卢 /016

2.3 "祖传牛皮癣"名不虚传 /017

2.4 对症下药 /020

2.5 切忌画虎类犬 /022

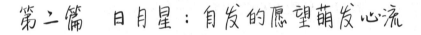

第二篇 日月星：自发的愿望萌发心流

心流对象：
你的孩子是日、月、星中的哪一种？

3.1 种子萌芽：引发心流的3种内驱力 /027

3.2 星星人：被看见是小棉袄的心流起点 /029

3.3 月亮人：有选择是小大人的心流起点 /031

3.4 太阳人：成就感是"孩子王"的心流起点 /033

3.5 日月星儿童测试：测测你孩子的心流源动力 /034

目 录

 太阳人的心流源自优越

4.1　客厅骑士　/038

4.2　高空训猫师　/039

4.3　极限咏宁　/040

4.4　悬崖理论　/041

4.5　放下说教的执念　/042

4.6　巴菲特的拼图　/043

4.7　用热血"浇灌"太阳人　/044

4.8　知识的迁移　/045

 月亮人的心流源自清醒

5.1　24人间　/048

5.2　贵人的点拨　/050

5.3　生病的真相　/051

5.4　爱念与恨念　/053

第六章 星星人的心流源自崇拜

6.1 富二代的刁难 /056

6.2 课堂上的"假钞" /057

6.3 哈佛第一课 /059

6.4 小静的秘密 /060

第三篇 讲经阁：规则与目标保障心流

第七章 规则与心流：从学游泳的一段经历讲起

7.1 学习如溺水 /066

7.2 会游的标准是浮起来 /068

7.3 做孩子的"胖教练" /070

7.4 翻转课堂 /072

7.5 费曼先生的魔力 /074

7.6 错题本真的重要吗？ /077

7.7 "善战者"简化规则 /080

第八章　目标与上瘾：让学习变得有意义

8.1　游戏设计师的秘密　/084

8.2　"女忍者"的挑战　/085

8.3　地球保卫战　/088

8.4　游戏与刺激课堂　/091

8.5　棒棒贴　/095

第四篇　数学墙：清晰的路径引导心流

第九章　空壶烧水：从300+到400+

9.1　公子哥的劣迹　/102

9.2　教育者的时机　/103

9.3　先"跑"起来再说　/104

9.4　空壶烧水的魔力　/106

9.5　开卷考试最有效　/107

第十章 数学墙：从400+到500+

10.1 一丝不苟的笔记 /110

10.2 厨房大爆炸 /113

10.3 逻辑测试 /114

10.4 "数学墙"的诞生 /116

10.5 你的问题都有解药 /117

第十一章 知识球：从500+到700+

11.1 学神的礼物 /120

11.2 怎样填满知识的球？ /122

11.3 恍然大悟 /124

11.4 数学让我们吃上红烧肉 /124

第五篇 秒杀课：自信的掌控支撑心流

第十二章 "看见"外部自卑

12.1 恐怖的风 /130

12.2 光头姑娘 /131

12.3 让我们交换秘密吧 /133

12.4 神奇的转机 /135

12.5 蘑菇兄弟 /136

第十三章 "秒杀"内部自卑

13.1 "魔头班" /139

13.2 凌晨四点的电影院 /141

13.3 令人"不齿"的"秒杀课" /143

13.4 自信与心流 /144

第六篇　炼丹炉：恰当的难度强化心流

第十四章　拉伸区学习："断裂"处的重建

14.1　小摩的叛逆　/150

14.2　知己知彼　/151

14.3　80分游戏　/152

14.4　炼丹炉　/154

第七篇　悬赏令：即时的反馈达到心流巅峰

第十五章　终极法宝：外驱力激发内驱力

15.1　奖励的不同　/159

15.2　打架风波　/160

15.3　内驱力的陷阱　/161

15.4　悬赏令与心流场域　/163

15.5　优等生霸榜　/165

15.6　个性化竞争　/167

15.7　来了！费曼场域　/168

孩子进入心流的 8 个特征

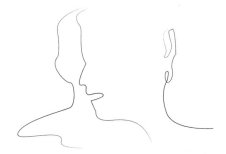

第一篇

从零开始,认识心流

每个人都有过忘记时间流逝的忘我体验，我们称之为心流。但为什么只有少数人才能在工作和学习中获得这种心流体验呢？

　　本篇将用几个真实案例，为你介绍心流是怎样让我们的工作和学习事半功倍的。

第一章

心流无处不在：
十字绣的奥秘

每个人一定都有过感觉时间飞速流逝（即心理学上的心流状态）的体验，可能是看电视时，可能是玩游戏时，可能是和别人聊天时，也可能是织毛衣时。但作为家长或老师，我们总是会不由自主地用完全背离心流的方式来教育孩子。

1.1 无效教育：严格监督出来的"学渣"

我的姨妈曾经是朋友圈太太团里最风光的人物。姨妈擅长烹饪，烹饪各种菜肴都游刃有余。姨妈拥有一份稳定的工作，她的丈夫也是一个善于赚钱的人，更重要的是，我的表姐在学业上一直表现出色，这一切让姨妈倍感自豪。然而，表姐的出色表现在高中阶段发生了变化。

从上高中开始，表姐的成绩急速下滑，甚至经历了两次高考复读，最终仍未能达到本科录取线。姨妈对此感到十分困惑。

姨妈一直给表姐提供丰富的饮食，不曾有过任何营养不良问题。而且，她在表姐的小学和初中阶段严格监督她学习，表姐的成绩一直名列前茅。进入高中后，姨妈更是增加了陪伴表姐的时间，每天晚上和每个假期，她都坚守在表姐身边，一边专心地绣十字绣，一边密切关注表姐的学习状态，不时递上一杯热牛奶或一盘切好的水果，关怀备至。而表姐在书桌前也坐得端端正正，可是为什么她没有取得优异的成绩呢？

我比表姐小几岁，姨妈的"陪伴"一直深深地印在我的脑海里。

后来我成了一名老师，辅导了众多孩子。再回忆起姨妈和表姐曾经的痛苦经历，我渐渐明白了一个相当简单的道理——表姐并没有真正用心学习。她坐在书桌前，但思绪可能早已飘到遥远的地方。她可能想着白天与同学们一起阅读的网络小说，可能思考着上课时玩手机游戏的策略，也可能沉浸在对自己默默喜欢的对象的想念之中。

这些令人愉快的事形成了她与学习之间的一道隔阂，她自己并不真切地渴望学习，就算姨妈为她付出了极大的努力，也是徒劳无功的。姨妈感到非常委屈，她觉得自己放弃了自己的生活，日复一日地陪伴着表姐，但最终表姐未能考上本科，对她来说是巨大的打击。

表姐自己也感到非常委屈，她坚信自己在真心实意地学习，每天起早贪黑，经历了三次高考，就像被撕下三层皮一样痛苦。

其实如果能找到表姐学习上的问题，就能够在她的教育上事半功倍了，其中一共有3个问题。

（1）为什么姨妈可以专注地绣十字绣，但表姐却无法专注地学习？
（2）为什么姨妈盯着表姐学习，却没有起到监督作用？
（3）老师和家长到底应该怎么做，才能让孩子专注地学习？

1.2 互换游戏：姨妈专注的秘密

如果你看过姨妈和表姐母女俩一起"学习"的场景，你会很容易地发现表姐虽然坐在书桌前做题，但大脑却没有真正运转；而姨妈虽然要操心一家人的衣食住行，但她在绣十字绣时是全神贯注的，甚至可以说达到了"人针合一"的境界。

姨妈很困惑，为什么自己可以专注地绣十字绣，但表姐在学习时却难以集中精力呢？

这个问题的答案很好找，只要让表姐和姨妈调换一下位置——姨妈来学习，表姐来绣十字绣即可。这个答案大概率是绣十字绣的人更容易专注，忘记时间的流逝。

要想知道如何让表姐在学习上更专注，就需要先理解十字绣为什么能让人专注，甚至让人上瘾。

姨妈绣过一幅巨型十字绣，图案是《清明上河图》，长度为2米。她把这幅巨型十字绣挂在客厅里，受到了很多亲友的称赞。

这幅《清明上河图》十字绣尽管看起来十分复杂，但绣制的思路其实是很清晰的。十字绣的设计者会贴心地把线的颜色和针号都编好，并在图案上标注哪一个区域用什么颜色的线、什么样的针法。

也就是说，尽管这幅十字绣长达2米，但姨妈在刚拿到它的时候，其实就已经知道自己需要做什么了。

而当真正动工的时候，十字绣就和"连连看"一样简单，每多绣一针，就离最终的"鸿篇巨制"又近了一步。

十字绣就这样巧妙地满足了进入心流的6个要素。

（1）自发的愿望：好看的《清明上河图》让姨妈自发地想要动手完成这幅作品，而不是被他人逼迫。

（2）规则与目标：绣十字绣的评判标准很明确，针脚对了就是对了，错了就是错了；作品绣完了就是绣完了，没绣完就是没绣完。

（3）清晰的路径：姨妈拿到的并不是一张白纸，而是一张清晰的"地图"，她清楚自己应该先做什么，后做什么。任何时刻审视"地图"，都知道自己做到了哪一步。

（4）自信的掌控：在绣第一针之前，姨妈就清楚地知道她能够把这幅十字绣完成。

（5）合适的难度：尽管绣几万针很难，但是针法其实只有几种，学会它们并没有太大的困难。

（6）即时的反馈：十字绣是有高频反馈的，每绣一针，就离绣完整幅作品的总目标、绣完某个区域的小目标又近了一步。

这样的"游戏"，怎么会不让人进入心流呢？

姨妈在这幅巨型十字绣上花费的时间超过了1000个小时。根据我的教学经验，如果一个学生把这些时间投入自己薄弱的学科中，完全有可能取得名列前茅的成绩。那我们能说绣出一幅《清明上河图》十字绣比考上重点高中或名牌大学更难吗？

显然考上好学校比绣《清明上河图》十字绣难多了。我们来看看表姐是否满足进入心流的6个要素。

（1）自发的愿望：表姐的学习愿望不是自发的，她并不知道为什么要学习。事实上，有自发学习愿望的学生连10%都不到。

（2）规则与目标："学会"是一个模糊的概念，表姐可能认为自己学会了、听懂了，但自己动笔做题和听讲完全不是一个概念。

（3）清晰的路径：表姐并没有清晰的学习路径，她对于需要学习的知识没有清晰的认知，不清楚自己已经掌握了多少知识，还有多少知识没有掌握。

（4）自信的掌控：表姐对学习充满了自卑，姨妈总是不断地唠叨和怒吼，甚至连最基本的鼓励都没有给她。

（5）合适的难度：表姐的学习梯度非常陡峭，这会让人陷入恐慌。试想，如果一次作业里10道题中有8道题不会做，需要什么样的心性才能坚定地学下去？

（6）即时的反馈：表姐的学习缺乏即时反馈，进步总要等到考试公布成绩才能看出来，在漫长的等待期中，表姐只能用自己有限的意志力强迫自己学习。

你看，尽管坐在同一个房间里，姨妈通过绣十字绣享受心流，表姐则面对着无法穿越的题海而备受煎熬，姨妈如老僧入定，表姐则如坐针毡。

那么，为什么表姐小时候成绩名列前茅，到了高中却一落千丈呢？姨妈认为优异的成绩就是她"盯"出来的，可是为什么"盯"却失效了呢？

1.3　心流意义：大脑是无法被监督的

相信不少家长都有类似的困扰——自己的孩子小学阶段成绩不错，可上了初中成绩突然大幅下滑，而且成绩下滑一般出现在初三，这是为什么呢？

作为老师，我可以这样告诉你：从初中到高中，孩子学习的知识量增加了 10 倍，但是孩子大脑的能力在这段时间内并没有发生质的变化。

这就导致学习这个行为发生了本质性的转变——从体力劳动转变为脑力劳动。

小学低年级的学习比较像体力劳动，你打开一本"口算题卡"，里面的题目完全是机械性的重复。

到了小学高年级，尽管应用题的变化很多，但仍然可以比较轻松地归纳成不同题型。

但到了初高中，体力劳动就不复存在了，学习彻底变成了脑力劳动，其最大的特点是题目的类型变得多种多样，极其繁杂。

脑力劳动和体力劳动在管理学中存在明显的不同——你可以强迫人进行体力劳动，但无法强迫人进行脑力劳动。

举一个极端的例子，如果家长或老师强制要求孩子进行体力劳动，并在孩子不配合时采取惩罚措施，这样就可以迅速带来明显的实际效果。

然而，同样的方法不适用于脑力劳动。如果我不懂音乐或编程，无论监督者采用何种手段，要求我创作一首曲子或编写一个程序，都是不可能完成的任务。同样，要求孩子学习高难度的知识，如果他们不理解知识，就无法掌握知识。

我的学生中流传着这样的笑话：朋友可能欺骗你，恋人可能伤害你，但是数学不会，因为数学不会就是不会。

把多年教学经验整理成书的目的，其实就是希望家长能认清这样一个事实：

逼迫和监督对脑力劳动无效，制造心流才是你唯一能为孩子做的。

因此，妄图仅通过监督让孩子考上一个理想的大学，是不可能的。姨妈的行为看似勤奋，实则懒惰。管理学界有一句名言：如果你想要一艘船，那不要着急布置任务，先唤起人们对大海的向往。

这句话本身没有什么问题，听起来也非常有道理，但却很容易传递给管理者一个误导信息，让管理者（家长、老师）认为员工（孩子）唯一需要的是内驱力。

如果你把注意力都集中在孩子的内驱力上，你会发现这并不能解决全部问题，这是我教学生涯早期所走的弯路。打一个比方：你可以通过带孩子参观清华、北大，激发他们对名校的向往，但是这种动力并不足以支撑孩子考上清华、北大。

完全寄希望于孩子的内驱力，完全寄希望于孩子自由发展，其实是管理者懒惰的体现。教育者应当帮助孩子构建的是一个充满心流的场域，它由以下6件法宝构成。

1. 日月星——自发的愿望萌发心流：唤起孩子对大海的向往。

2. 讲经阁——规则与目标保障心流：设定有效的考核标准。

3. 数学墙——清晰的路径引导心流：告诉孩子如何实现目标。

4. 秒杀课——自信的掌控支撑心流：帮助孩子在受挫时建立信心。

5. 炼丹炉——恰当的难度强化心流：提供进步的拉伸区。

6. 悬赏令——即时的反馈达到心流巅峰：给孩子有效的激励，从而让他们达到心流学习的状态。

很多孩子小时候都想考上名校，成为科学家，成为天之骄子，但大部分孩子只要一遇到困难，对名校的向往就被挫伤了，用我的同事总结的一句话形容就是"合上书就想考北大,翻开书就学不下"。

读到这里,相信你已经能够发现姨妈在教育表姐时所出现的问题,那么心流有没有正面、典型的案例呢?答案是有。

1.4 心流选手:厕所做题哥的故事

在我当班主任的过程中,有一个叫张迪的学生给我留下了深刻的印象。有一次我请他给班里的同学分享经验,他说:"我上厕所的时候都在想物理题。"

他的这个说法,让我想起了著名的数学家陈景润先生,他曾因为条件艰苦,搬到一个仅有3平方米的厕所里,日日夜夜进行研究,攻坚克难,几乎从不停止工作。在作家徐迟的报告文学《哥德巴赫猜想》发表后,陈景润闻名全国,并成为全国政协委员。然而陈景润继续沉浸在他热爱的数学世界里。为了避开所有人,他甚至躲到厕所中,思考数学问题。一次,他思考问题时撞到了树上,还问树:"是谁撞了我?"

回顾过去,其实我们身边也有陈景润、张迪这样的"心流选手"。

陈景润比我的学生张迪更加投入,张迪是上厕所的时候都在思考问题,而陈景润是为了能思考问题去上厕所,这份投入不仅体现在他功成名就以后,在他成名前,在他经历磨难的时候,他都拥有"心流"。

试想,学校里像陈景润、张迪这样的"心流选手",能不名列前茅吗?

试想,让你和陈景润、张迪这样的"心流选手"竞争,你能不头皮发麻吗?

试想,让你的孩子和陈景润、张迪这样的"心流选手"一起上考场,他们能赢吗?

那些"心流选手",从不需要外界逼迫,就可以十年如一日地沉浸在自己的功课里。

我有一位很喜欢的创业者，他讲过这样一段话："你们不要跟我比，你们每天加班到半夜，觉得快累死了，而我每天工作到半夜，看看时间，难过的是又得睡觉了，但是一想到只要睡几个小时，就又可以工作，我就开心起来了。"

我非常喜欢的一位足球教练曾说过："足球就是我热爱的本身，冠军只是额外的奖励。"

我也送给你一句话：所谓心流，不过是别人在忍受，而你在享受。

如果你希望自己或自己的孩子不需要逼迫，就可以自发地去探索世界，攀登知识的高峰，那么你一定要学会心流理论。

更重要的是，教会孩子进入心流，不仅能让他们在考试中取得高分，更能让他们在未来面对各种挫折时具备更强的应对能力。

1.5　学霸学渣：亲兄弟也会截然不同

在我辅导过的 1000 多个孩子里，有一个男生让我印象深刻。他排在全省最好的高中的年级前 10 名，最终被清华大学录取。但小他 2 岁的亲弟弟，竟然连普通高中都没考上，只上了一所职业高中。

这件事情引起了我极大的兴趣，他们拥有同样的父母和家庭环境，甚至读了同样的小学和初中，为什么学习成绩会存在这么大的差异？

我特意采访了他们的妈妈，想探求问题的答案，结果这位妈妈很苦恼地说："我也不知道为什么，哥哥学习的时候全神贯注，弟弟学习的时候却总是抓耳挠腮，不停地上厕所。"

答案已经很明显了——所有考出优异成绩的孩子，一定都在学习中制造了心流；所有成功的教育者，一定都是心流的制造师。

我之所以敢说得这么绝对，是因为我在自己教过的 1000 多个孩子的身上印证了这个答案。在我总结的教学经验里，制造心流是 ROI（投入产出比）最高的教育手段。

对于大部分家长、老师来说，他们为了让孩子考出高分而产生的唠叨、怒吼，效果都微乎其微。只有在孩子的大脑里制造出心流，孩子的学习才会事半功倍。

仔细回忆我们的学生时代，身边肯定有一些孩子进入过心流。

但是很遗憾，心流往往出现在孩子看电视、玩游戏的时候，不管老师和家长怎样期盼，心流都很难出现在大多数孩子的学习过程中。

如果你是一个经验丰富的老师，当你站在讲台上时，你甚至可以很清楚地看到讲台下哪些学生在全神贯注地思考问题。

一个班级里，大概率会有一些在学习上拥有心流的学生，相比很多学生认为上课十分煎熬，他们在课堂上的专注常常令人羡慕不已。

而家长或老师最重要的工作就是帮助孩子进入心流。到底是什么造就了孩子们在学习体验上的不同？为什么班里的"学霸"们可以进入心流，而"学渣"们只能坐在座位上磨洋工？为什么孩子看电视、玩游戏的时候可以全神贯注，写作业的时候却容易走神？为什么孩子一翻开书就想喝水、上厕所，无法集中精力做题？

本书会用我遇到的真实案例（书中人物均为化名），向你介绍如何帮助孩子进入心流。当你读完这本书后，希望你也能体会到心流的美妙。

第二章

心流摧枯拉朽：
"尖刀班"名师竟不如体育生？

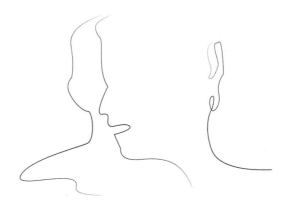

2.1 校园"纵火案"

我身边的人都知道,我有一个小助理,他是个身高 1.95 米,练跳高的体育生,但我们机构不需要体育老师,那为什么会招一个体育生呢?

这件事要从 3 年前说起。

当时一位家长给我介绍了一个孩子,孩子还没到,家长就先在电话里给我"打预防针",说这个孩子是"祖传牛皮癣,专治老中医"。既然是"祖传牛皮癣",为了方便阅读,我本来打算叫他小牛,但是想到他干的事,我觉得叫小牛太委屈他了,还是得尊称一声"牛哥"。

牛哥的父母都是国企高管,家庭条件非常好。不仅如此,父母二人还是恢复高考后最早的几批大学生,就读于某 985 高校的理工科,研究飞机大炮等国之重器。按理说有这样的家庭条件,牛哥的智商应该不低,成绩也应该很好。但牛哥这人怪得很,他的数理化成绩确实都名列前茅,但是满分为 150 分的英语考试,牛哥只能考 60 分,离 90 分的及格线都差了"十万八千里"。如果只是这样,也还谈不上"祖传牛皮癣"。牛哥能得到这个称号是因为他在一节英语课上干了件"惊天动地"的大事。

当时牛哥班上教授英语的是一个刚毕业不久的年轻女老师,穿着打扮很精致,班里一些男生经常在下课的时候,故意拿几道阅读题去办公室里找她问。然而就是这样一个受欢迎的老师,居然有一次在上课的时候,被学生气到哭着跑出教室。

那天的英语课原本和往常一样平静,在老师讲解试卷的时候,突然有人举手报告说自己闻到了一股煳味儿。班里霎时间乱成了一锅粥,大家都试图找出煳味儿的来源。当时学校不远处的市场刚发生过火灾,学校里人员众多,老师当然特别着急,几个胆大的学生站了起来,顺着味道寻找是什么煳了。

老师边嗅边走，找到了教室的最后面，发现最后一排角落里的牛哥遮遮掩掩，身体和墙壁形成一个夹角，有意遮挡前来探查的老师的视线。不过牛哥只能遮住视线，遮不住气味。老师更急了，涨红了脸，用力拽住牛哥的胳膊往外拉，想要找到起火点。然而瘦弱的老师怎么拉得动牛哥这个十四五岁的半大小子，用力之下，老师脱了手，一股热浪瞬间扑到了老师身上，火苗噌一下就蹿了出来。

所有人都吓坏了，学生们迅速扑倒老师并试图用脚踩灭火焰，但是无济于事。附近的几个学生脱下外套，用力拍打火焰，才终于把火扑灭。这时前排的学生刚好从走廊拿回灭火器，对着躺在地上的老师喷了过去。被喷了一身干粉，老师终于忍不住了，挂着一身干粉和脚印夺门而出，留下罪魁祸首牛哥愣在原地。

等教导主任赶来的时候，牛哥瑟瑟发抖，主动交出了"罪证"——一个酒精灯和一块猪蹄。牛哥这个"小浑蛋"居然在上课的时候烤猪蹄。当老师这么多年，我见过睡觉的、玩游戏的、打扑克的，烤猪蹄的还是头一回听说。教导主任看到牛哥这么离谱，骂都懒得骂了，直接让牛哥把家长叫来。

牛哥听到叫家长，立马求起了饶："您能不能不让我爸爸知道，我愿意接受其他的处罚，我可以写检讨，只要不告诉我爸爸就行。我真的求求您了，我知道我错了，我会记住这次教训的，绝对不会再让类似的错误发生。"见教导主任不为所动，牛哥继续哀求道："我真的很抱歉，您能不能再考虑一下。我爸爸是个警察，他很严厉，会很生气地打我。我真的很怕他，我以后肯定不会再犯同样的错误了。"

就在教导主任几乎被牛哥说动时，突然听到牛哥说自己的爸爸是警察，他的眉毛又拧了起来："你这个浑小子，前几天我才和你爸吃过饭。"

后面的事情就无须赘言了，在牛爸来学校严厉地教训了牛哥之后，英语老师表示了原谅,她知道牛哥不是针对自己,只是一向对英语这门课"不感冒"而已。牛哥老老实实交代了全部"作案"经过——将从化学实验室偷酒精灯,到烤猪蹄显摆自己胆大交代得一清二楚。

幸运的是,酒精灯没有洒出太多液体,所以没有人受到严重的身体伤害。牛哥认错态度良好,牛爸牛妈也尽力弥补,该赔钱赔钱,该赔物赔物,再加上初中还属于义务教育阶段,牛哥只是被记了留校察看,没有沦落为失学少年。

然而,由于这个事件的发生,加上牛哥对英语的抵触,他也就渐渐放弃了学习英语,经常在英语课上偷偷写其他学科的作业,甚至看小说。老师批评他后,他就改为静坐,在脑海中回忆小说和 NBA 里刺激的场景。老师们都知道牛哥的"英雄事迹",不愿意多管他,这也就导致牛哥的英语成绩一落千丈,连及格都困难。

2.2　名师的滑铁卢

听完牛爸的介绍,我问:"落后不要紧,咱们找老师带一带牛哥不就行了吗?"

牛爸则叹了口气:"你以为我们没找吗?"

牛爸牛妈跟大多数家长一样,对孩子充满期望。牛哥的父母并不是天生富贵之人,他们明白,只有通过勤奋和努力,才能在这个竞争激烈的社会中站稳。因此,当牛爸牛妈看到牛哥在英语上有所落后时,他们便四处寻找名师辅导,目标很简单,就是希望牛哥能把英语成绩提上去。

最初,他们选择了一位"尖刀班"名师。这位老师经验丰富,声名远扬,被誉为教育界的翘楚。牛爸牛妈充满期待地将牛哥带到了他的面前,希望牛哥能够在名师的引导下,实现成绩飞跃。然而,牛哥总是无法进入状态,成绩并没有明显的提升。

牛爸牛妈并没有因此而绝望，他们又找到了一位英语名师，这位老师同样经验丰富。他们满怀希望地让牛哥进入这位老师的课堂，希望他能够从中受益。

然而事与愿违，虽然牛哥的老师们有着独特的教学方法、丰富的教学经验，但牛哥却总是心不在焉，对于学习英语缺乏动力，甚至每逢周末要去补课时，他总是表现得仿佛要上刑场。

牛爸试图以各种方式激励牛哥，然而无论如何劝说，似乎都难以触动他的内心。终于，牛爸想到了一个妙招，他提出上一次英语课给牛哥二百元零花钱，作为去补课的"报酬"。这一招终于奏效了，牛哥似乎成功被金钱诱惑，每周末兢兢业业地去英语老师家"打工"。

然而，半年之后，牛爸虽然花了不少钱，但牛哥的英语成绩却并没有如他所期望的那样有所提升。牛爸牛妈开始反思是否他们选择的方法有误，是否没有找到问题的根源。

在和牛爸牛妈的交流中，我逐渐认识到问题的症结不在于老师的水平，而在于牛哥的内心。他们曾多次试图与牛哥深入交流，了解他的真实想法，然而，每当谈及英语学习，牛哥总是避重就轻，漫不经心。我心中暗忖：这是自然了，就像别人和你谈你没兴趣的话题，你也会很快跑开的。看着眼前焦虑的牛爸牛妈，我安慰道："别太担心，学好英语并非难事，就算是美国的拾荒者也学得会英语，何况是牛哥这么年轻的小伙子呢？"

2.3 "祖传牛皮癣"名不虚传

我立刻给牛爸牛妈支了一招。

我说你们不要找名师，你们给牛哥找个大学生家教，同龄人之间好沟通。

牛爸问："这个家教要按什么标准找呢？要不要看四六级成绩？"

我一听牛爸问的问题，就知道他没开窍，不了解孩子。这很正常，父母的童年已经过于遥远，以至于忘记了自己和同学当时每天在想什么。

你想让孩子学习，就得让孩子愿意与家教沟通。我跟牛爸拍胸脯说："你别担心了，孩子大了，想法也就多了，我跟牛哥代沟小一点，我帮他找家教。"

很快我就给牛哥找了一个大学生家教。

果然，找同龄人家教很有效果，上了几次课，家教的反馈都不错，然而牛哥就是牛哥，"祖传牛皮癣"名不虚传。一次上课时，家教尖叫着跑出了书房。原来牛哥把自己养的爬宠——一条小蛇——装进文具袋里，然后故意让家教帮他拿笔。

尽管这条小蛇没有毒性，但家教说什么也不愿意再教牛哥了。首战未捷我并没有气馁，因为这个方向是没问题的，于是我顺着这个方向继续想办法。

在这段时间的相处中，我捕捉到了一些细节。牛哥总是穿篮球鞋去上学，下课的时候跟同学讨论的也都是NBA，甚至为了打篮球逃课。了解到这些后，我又和牛爸牛妈交流了一下，发现牛哥确实非常热爱篮球。

作为老师或家长，我们不要总是抱怨孩子叛逆，而是要努力获取孩子的真心。一个孩子再不让父母和老师省心，他总有偶像或爱好吧，总有朋友吧？为什么他的偶像和朋友可以获取他的真心，我们却不行？

了解了牛哥的爱好，我又有了"搞定"他的信心，就是在这样的契机下，我联系了小助理。我们之前在一次偶然的机会下相识，但没有深入接触。我问小助理："现在有个孩子，家长想把他送过来，你能不能带他？"

小助理一听就蒙了："哥，我高考才300多分，让我带，我也带不了啊？"

我哈哈大笑，告诉他没关系："这个孩子不需要你成绩好，名师都搞不定他是因为没降服他。你不用懂学习，你的篮球水平怎么样？能'打'

服他就行。"小助理身高 1.95 米，跳高能跳到将近 2 米，身高臂长，柔韧灵活，简直是运动技能点满了，篮球自然不在话下。

小助理表示自己篮球一点儿问题都没有，听完我就放心了，给小助理办了一张附近篮球馆的储值卡，然后叫来了牛哥。

牛哥一进办公室就蒙了，小助理的身形"遮天蔽日"，他以为自己因为蛇的事情要挨收拾了，又来了之前那套求饶，意思是他错了，肯定改，别告诉他爸爸，罚他点儿别的。这次他很聪明地没有说他爸爸是警察。

我被牛哥逗乐了，表扬他人情世故懂得不少，又给他讲了曹操违反军纪之后割发代首的故事，鼓励他将来成为曹操那样的枭雄，然后告诉他这段时间让这个 1.95 米的大哥哥监督他写作业。

不出所料，3 天之后，两个人逃掉自习课打篮球去了，这也正是我授意小助理的。我跟小助理交代不仅要打，还要狠狠打，一天最好早中晚打三场。小助理身强力壮，热爱篮球，自然是照办了。

一周后我再见到牛哥和小助理的时候，储值卡里的钱已经被花光了，两人也都明显瘦了一圈，当时正值暑假，天气很热，再加上一天打三场球，牛哥这一周差不多瘦了十斤。小助理偷偷告诉我，他自己是个体育生，天天训练，这个强度不算什么，但牛哥估计坚持不下去了。于是我就约好两个人，晚上请他们一起吃烧烤。

饭桌上我问牛哥："在我这里怎么样，比在家开心吧？"牛哥表示开心是开心，没有爸妈天天唠叨，就是太累了，浑身肌肉酸痛，下周不想再打篮球了。我心下暗叹体育生就是厉害，"哈士奇"都能给遛服了，然后故意说："年轻人不能轻易说累。"

牛哥听了连连摇头，表示从下周开始一定要学习，这当然合我心意，我便借着饭桌上的气氛问他，是由我来给他排课，还是让小助理陪他学习？

牛哥跟小助理相处了这么长时间，待在一起肯定很舒服，而且小助理篮球打得好,长期接受专业训练,肯定教了牛哥不少篮球技巧。小助理适时补充道:"牛哥确实厉害,再练一阵都快能扣篮了。"牛哥一听到扣篮眼睛都放光,自然是从内而外地佩服小助理。果不其然,牛哥表示愿意跟着小助理学习。我心里暗自得意的时候,小助理却当场抛来一个大问题。

2.4 对症下药

"哥,我对学习一窍不通啊,尤其是数理化,我高考才300多分。"

我等的就是小助理这句话,人家牛哥数理化也不差,压根儿用不着小助理辅导,我便问他:"你语文、英语怎么样?"

小助理涨红了脸说:"语文还会点儿,英语……我们老师当年说答题卡踩一脚都比我考的分高。"牛哥听了更放松了,乐道:"那咱哥俩差不多。"

英语差没问题呀,我要的就是这个,这样不会给牛哥压力,我故意用轻佻的语气问小助理:"那26个字母你总认得全吧?"

小助理害羞地说:"那还是认识的。"

认识字母就好办,回到学校,我递给小助理一本单词书说:"你拿着这本单词书,把中文挡住考牛哥,你不用认识单词,也不用读英语,不认识音标也没关系。你就看他中文说没说对就行了。"接着,我又拍出3张储值卡说:"这里有3张卡,一张是洗浴的,一张是烧烤的,一张是打篮球的,里面各有1000元。你带牛哥两周之内背诵3500个单词,然后我来抽查100个单词,如果正确率达到90%,这3张卡就奖励给你们。"

这套操作一下激发了牛哥的斗志。牛哥非常开心,欣然接受挑战,我也长舒了一口气,给牛爸牛妈汇报了一下进度,他们被我的操作惊得目瞪口呆。

仅仅过了一周,牛哥就踏进了我的办公室,脸上充满了自信和期待。

他对我说，他已经完成了背单词的任务，想让我来检查一下他的成果。看着他的眼睛，我能感受到他内心深处的渴望和决心。

要知道，背诵3500个单词并不是一件轻松的事情。即便从中刨除他已经掌握的单词，剩下的工作量依然十分庞大。每天背诵几百个单词，对于任何人来说都是一个挑战，而牛哥的熟练度显然有待提高。在这次抽查中，他错了10多个单词，没有达到我设定的正确率90%的要求。

然而，我知道他们已经在努力。我不仅看到了牛哥的努力，也看到了他的潜力。我要求他回去继续背单词，我会再次进行抽查。尽管他在第一次抽查中没有达到标准，但我能明显感受到他的进步。我知道，适当的奖励可以激发积极的反馈。因此，我提议让他们从3张卡中抽1张作为奖励，这样他们既能够感受到努力的回报，也能够享受到抽奖的刺激。牛哥抽中了洗浴的卡，然后蹦蹦跳跳地拉着小助理去泡澡了——甚至带着单词书。

3天之后，牛哥再次来找我。这次的抽查中他只错了2个单词。我对他的进步感到由衷的欣慰，同时也为他感到骄傲。我履行了之前的承诺，将另外2张储值卡送给了他们。看着他们高兴的样子，我能感受到他们付出努力后所获得的喜悦。

开学后的考试中，牛哥的英语成绩超过了100分。由于不再偏科，他的综合成绩也得到了巨大的提升，跻身班级前十，这个结果无疑是他们辛勤付出的回报。在接下来的学习中，渐入佳境的牛哥不仅掌握了单词，还学会了音标和语法的知识。他对英语渐渐从过去的抵触变成了轻松驾驭。

在最终的高考中，牛哥的英语成绩超过了130分，这个成绩让他顺利考入他父亲的母校。

正如前文所述，如果孩子在学习中没办法进入心流，在得不到正反馈的情况下，很容易在大脑中制造一种"正义"的幻觉，认为自己做的叛逆的事情是正确的。牛哥之所以在英语课上干出那些"大逆不道"的事情，就是因为对这门学科非常自卑,一个自卑的人想捍卫自己的尊严,那就要做一些出格的事情来博眼球。在他的世界里,他做的事情都是正义的。如果教育者不能解决孩子在大脑中制造的"厌学即正义""在班里当小混混很酷"的自我防御,那么教育将很难取得成功。

而如果能够解决"什么才是酷"的问题,其实就能激发孩子的学习动力,也就是进入心流的要素——自发的愿望。那即便是在英语上"大字不识"的体育生,都可以起到比"尖刀班"名师更好的教学效果。

后来,牛哥郑重其事地对我说:"老师,我很感谢您当年送给我的 3 张卡,我觉得我得到了成年人的尊重。"

我哈哈大笑,拍着牛哥的肩膀道:"其实你爸当年给了我 6 张卡,你真正应该感谢的人是他。"

2.5　切忌画虎类犬

想必很多孩子都有偏科的情况,这往往是由于他们在某些瞬间未能形成正反馈,所以一直没有办法从学科中获得成就感,进而难以进入心流。而缺乏正反馈还会让人产生一种自我防御,人会本能地为自己寻找一种自洽的解释,比如一个孩子学不好数学,他可能会解释成自己不需要数学,反正去菜市场买菜也不需要用函数。当人找到这种解释之后,就会不断进行自我暗示和防御,也就会越来越抵触这个学科,把正反馈变成负反馈。

牛哥正是在某一个契机下进入了这样的负反馈。帮助孩子改善学习,也就是帮他们打破这种负反馈循环,可惜牛哥的父母当时并不懂这些。

帮助孩子进入心流其实有很多陷阱,比如我在这个故事里提到了打篮球,可能很多孩子喜欢打篮球的家长就想模仿,很生硬地跟孩子说:"爸爸陪你打篮球去?"

在这里我要提醒读者，我们不能生硬地模仿，而是应该清空自己脑海中所有教育孩子的欲望，思考自己如果是孩子的朋友会怎么说。小助理是绝对不会这么生硬地讲话的，他可能亲热地和牛哥说："球场，来一把啊？"也可能是让牛哥陪他："打球，走走走。"

英语不及格的小助理能"教"好牛哥英语，而"尖刀班"名师教不了牛哥的本质原因只有一个，就是小助理压根儿不在乎牛哥背不背单词，他从来没想过这件事，因此牛哥愿意跟他待在一起，愿意和他为了获得"悬赏"而并肩作战。他们从猫捉老鼠的敌对关系，变成了并肩作战的战友关系，这才是名师做不到，小助理却能做到的奇妙之处。

回想牛哥的成长经历，我不禁感慨，人的一生是由无数个偶然组成的，而这些偶然最终导致了必然的结果。有没有人为你创造这样的偶然，以及你是否敢于面对这些偶然，决定了你的命运。

第二篇

日月星：自发的愿望萌发心流

教过1000多个学生,我非常了解怎么帮助孩子"逆天改命"——其实就是做到"因材施教"。

大多数家长都知道不同孩子之间存在区别,但到底有什么区别?对于不同的孩子应该用什么样的方式培养?

本篇为你介绍心理学的前沿成果——日月星理论,帮助你更好地认识自己的孩子,乃至认识你自己。

> 第三章

心流对象:
你的孩子是日、月、星中的哪一种?

孔子在2000多年前就提出了因材施教，但到底怎样因材施教，教育界和心理学界尚无易于实操的公论。孔子门下弟子三千，虽然我在线下教过的学生只有1000多个，但得益于互联网的普及，看过我的讲座和视频的学员已经有几十万人之多。基于这样的数据，让我来帮助你了解孩子的原生动力。先来看看你的孩子是日、月、星中的哪一种吧。

3.1 种子萌芽：引发心流的3种内驱力

我每次在讲座中讲到一个案例时，都会引发很多孩子、家长，甚至是还没有成为父母的成年人的共鸣，你不妨来看看你或你的孩子属于哪种类型。

人是一种感性的动物，喜欢上某种事物大多是一个瞬间。对于学生来说，喜欢上一门学科，其实是在一个瞬间发生的，这个瞬间大致分为3类情况。

A. 学会了某道题，给同学讲题很有成就感。

B. 发现别的学科学不会，只能靠这一学科争取优势。

C. 这门课的老师很喜欢自己，老师的关注让自己很开心。

你可以回忆一下自己的学生时代中有没有对某个学科产生了特别的兴趣，这份兴趣背后有没有什么特别的原因，属于以上选项中的哪个。

选A的人，我称之为"俯视者"，即"太阳人"。俯视者更能从俯视的关系中获得力量，被拥趸追随可以让俯视者血脉偾张。

选B的人，我称之为"平视者"，即"月亮人"。平视者更能从平视的关系中获得力量，如公平交易、平等交往。理性地思考是平视者最锋利的武器。

选C的人，我称之为"仰视者"，即"星星人"。仰视者更能从仰视的关系中获得力量，那些他们喜欢、崇拜、尊敬的人给他们一个肯定的笑容,就能让他们开心很久。如果有人对仰视者说一句"我看见你的努力了",仰视者甚至会感动到哭。

当然,简单的一道题并不能完整地反映出你的潜意识,但你可以借此了解一下人与人之间的不同。

想要因材施教,对于太阳人、月亮人、星星人就要选择不同的相处方式。

对太阳人出星星技:对俯视者,可以设法去仰视他,激发他的源动力。

对月亮人出月亮技:对平视者,可以带他看明白利害关系,帮他梳理清晰的逻辑。

对星星人出太阳技:对仰视者,可以帮他规划目标,让他有安全感地追随你。

如果家长不知道孩子属于日、月、星中的哪一种,只会一门心思地教育孩子"好好学习就有好未来",那么这样的教导只对月亮人有效果,如果你的孩子不是月亮人,或者他不曾从你身上感受到自己想要的公平,那么他根本不会听你说。而且就连月亮人也禁不住每天唠叨。要知道,你的孩子只是不会做数学题,不是不知道学习好有好未来。没有任何一个孩子不希望自己学习好,哪怕是调皮捣蛋的"小魔头",也希望自己能考第一。

就拿刚才举的月亮人的例子来说,月亮人并不需要苍白的教育,他们早就计算好成本和收益了,譬如我的一个月亮人学生,平时就喜欢搜索哪所大学的食堂最好吃。

我告诉她,我的母校中国人民大学的食堂特别好吃,而且网速快,玩游戏不卡。

她很自然地问我:"那我怎么才能考上中国人民大学?"

孔子在2000多年前就说要因材施教,教育真正的目的,其实就是让每一个孩子都知道自己为何而学,找到自己心灵的归属。而人与人是不同的,尊重这样的差异才能让孩子既幸福又成功。

有一位知名的经纪人讲过这样一句话：我要快乐的成功人生。

你的孩子完全可以拥有既快乐又成功的人生，而你也一样。

很多家长遇到的育儿问题是孩子字写得不好看，做题很马虎，写作业磨磨蹭蹭，拿起手机就玩个没完。

但我们有没有站在孩子的角度思考问题：孩子想不想把字写好看？孩子想不想把题做对？孩子想不想快点把作业写完？除了手机还有没有能吸引孩子的东西？

不去从孩子的角度研究这些问题，我们其实是没办法准确帮助孩子的，因为心流的愿望必须是自发的。为了找到上述问题的答案，我采访了我那些身上发生巨大变化的学生们，试图找到他们的开悟时刻——你是在哪一刻，下定决心好好学习的？

3.2 星星人：被看见是小棉袄的心流起点

星星人学好一门功课的源动力，往往是希望得到一个人的关注和认可，那个人就是他心中的太阳。

我的一个大学同学小星给我讲过她的经历。小星是在一个镇上读的初中，那时候流行分快慢班，小星学习成绩不好，就被分到了慢班，而且就算在慢班，她的成绩也只是属于中等水平，对以后要上什么样的高中没有任何概念，对以后的人生更谈不上有规划，只是觉得在读书的年纪就应该读书。小星就处于少年时代那种懵懂无知的状态。

而让小星印象最深的一堂课，是数学老师让她回答数学问题，并上讲台把解题过程写出来。小星写完之后，数学老师夸她粉笔字写得很好看，让小星以后多回答问题。就在那一刻，小星喜欢上了数学。

数学老师根本想不到，自己只是随口一夸，就能够改变小星的整个学习生涯，乃至她的人生。从此小星的数学成绩不断进步，从刚刚及格提升到 80 多分，再提升到 90 多分，这样的进步甚至带起了小星对其他学科的学习热情。初中毕业后，小星是班上仅有的几个考上市里高中的学生之一。最后让小星坚持考上大学的动力，也是她心中不能辜负老师的那份信念。

星星人可能希望某个人看见自己的努力，可能希望获得某个人的青睐，也可能只是希望某个人开心。在我教过的学生里，就有不少星星人。

星星 A 说，高三那年爷爷去世了，直到他放月假，父母才告诉他。他质问父母为什么不告诉自己，难道成绩比爷爷还重要吗？父母说，是爷爷不让告诉他的。爷爷临终时嘱咐别让他回来了，让他好好学习吧。后来他把爷爷的照片放在桌子上，每当他累得学不下去的时候，抬起头看看爷爷，就又拥有了学习的动力。正是这种动力最终支撑他考上了北京大学。

星星 B 讲了一个她小时候的故事：她在读小学的时候，妈妈正在自学日语准备去日本留学。那时候家里条件还不太好，一家人挤在奶奶家，她也没有自己的房间，只能和爸爸妈妈睡在一个房间里。有一次她起夜，看见妈妈在昏黄的台灯下默读日语，那个场景在她脑海里停留了很久很久，现在她已经成了一名科学家。

星星 C 讲了一个她老师的故事。有一次课堂上老师要求一个同学回答一个本该掌握的知识点，但这个同学却答不出来，很尴尬地支支吾吾了一会儿。可老师并没有批评他，反而是带着笑拧开杯子喝了口水，留给他足够的时间让他把答案编完。最后，老师笑着问："啧啧，作业没认真写吧？"尽管这件事情并没有发生在她身上，但这个瞬间一下击中了她的内心，那份看穿真相后仍然保持的温柔，让她开始崇拜老师。于是她借着学业上的问题和生活上的小难题接近老师，当了课代表，又发奋学习，最后考入了中国人民大学。

这三个案例，指向的都是同一个东西，就是星星人的源动力，他们需要一个具体的人成为自己努力的意义。这个人可以是星星 A 的爷爷，可以是星星 B 的妈妈，也可以是星星 C 的老师。

无论这个人是谁，引起这个人的注意，得到这个人的重视，获得这个人的关怀，都是无比重要的。

如果星星人认为，努力学习可以获得这样被看见的体验，那么他们就有机会获得心流的第一片拼图——自发的愿望。

3.3 月亮人：有选择是小大人的心流起点

月亮人学习的源动力，往往是希望得到选择和交换的权利。他们希望能够通过自己的判断做出选择。在这个时候，向月亮人给出可供选择的参考信息，就至关重要了。

月亮人在小的时候，常常给家长一种小大人的感觉，这样的孩子特别好沟通，也让人觉得特别好带。在我教过的孩子里，也有很多明显是月亮人的孩子，但让我印象最深的，是我的一个同学。

我同学小月的经历挺离奇的，他比我足足大 3 岁，却和我在同一个班。很多男孩子骨子里就有冒险基因，总想着去社会的大风大浪里拼搏一番，小月也不例外。他高考成绩并不理想，于是就收拾好行囊南下打工，进厂干了几个月，才发现父母天天唠叨的"现在多吃苦，将来少遭罪"是真的。原来社会才是最好的老师，曾经那些让他听得耳朵"起茧"的唠叨，第一次这么生动形象。

但是这样认输就太没面子了，小月当过保安，摆过地摊，做过游戏代练，最后折腾了一年多，终于把自己折腾到身无分文，跟父母服了软。

曾经无比嫌弃的学校 8 人间宿舍，和厂里几十个人一间的宿舍相比，变得温馨起来；曾经让人抓耳挠腮的课堂 45 分钟，和生产线上每天站着的

16个小时相比,也变得让人向往起来。小月觉得,哪怕做题做到晚上12点,也比干体力活好,至少做题可以坐着。

于是他向父母认了错,作为复读生进了我们学校。小月这一年的成绩一飞冲天,最终考入了一本。

当月亮人知道自己努力有回报,不努力有损失的时候,其实就不需要任何人强迫他们了。我也教过不少考入名校的月亮人,下面是他们学习的源动力,也就是哪些自发的愿望促使他们进入心流。

月亮A说,小时候一位美术老师对他说,如果学好美术就可以在北京办画展,和名流大咖交朋友,甚至一幅画卖到百万元。美术老师举了一个自己同学的例子,一下就打动了他。美术老师说的那个同学毕业于中央美术学院,于是他也立下了志向,想要考入中央美术学院,每当他觉得累得坚持不下去的时候,就畅想一下未来的生活。就这样,他日复一日地练习基本功,努力学习文化课,最后竟然真的实现了梦想。

月亮B说,他高中的时候读过一句话:一流的大学里,老师和同学都觉得彼此很牛;三流的大学里,老师和同学都觉得彼此很蠢。他觉得这句话虽然有点糙,但很有道理,于是他就把这句话贴在自己的笔袋上当成座右铭。他就是想和厉害的人做师生、做同学、做朋友。

月亮C说,他很想经商,从小就有不错的商业天赋,也经常在校园里买卖文具,通过低买高卖赚点小钱。有一天班主任告诉他,如果真的想经商就应该考上好大学,因为这样就可以把大批聪明的人发展成自己的左膀右臂,让他们帮自己赚钱。他听完觉得很有道理,反正也就需要刻苦学习一两年,放眼未来的几十年,值得!

你可以看到,月亮人是很务实的性格,因此你应当用清晰的逻辑、客观世界的真相去打动这样的孩子。只要他能看见自己的未来,源动力也就产生了。甚至很多时候具体的目标不是最重要的,给月亮人一个说服自己的台阶就足够了。

3.4 太阳人：成就感是"孩子王"的心流起点

太阳人学好一门学科的源动力，往往是希望得到成就感，尤其是他人的追随、崇拜和心悦诚服，他们需要他人的"星星眼"。

太阳人应该是最难带的一类孩子，他们就连哭起来都比别的孩子嗓门大。"驴脾气""孩子王"可能都是他们。

但这也可能就是他们来到世界上的使命，他们不为服从而来，而是为了征服而来，不过家长和老师不用怕，太阳人也有"弱点"。

我曾经的一位同事就是一个典型的太阳人，他虽然是名校毕业，但高中是在镇上读的，当他讲起自己高中时候的经历时说，他们那个乡镇高中教学水平非常低，老师讲课时，经常自己都解不出来题，就把题直接晾在黑板上。当时他正好生物学得不错，就解出了生物老师布置的一道复杂的遗传运算题，全班同学为他鼓掌，他一下就爱上了那种感觉。

在这之前，他绝对算不上是个好学生，他喜欢打架斗殴，有一帮小弟。小弟们有时候也很迷茫，问他："将来咱们毕业了干什么？"有了这个契机，他直接把校园里的"青龙帮"变成了"青龙学习小组"，天天抓着小弟们一起做题。他奋起直追，经常解出被老师晾在黑板上的题目，最后高考的时候竟然极限逆袭，考上了985大学，成了他们学校多年来第一个考上一本的学生。

太阳人就需要别人的膜拜，就像电影《教父》里的柯里昂一样，当别人尊重他的时候，哪怕没有回报，他也愿意做。这一点和月亮人是截然不同的，反而和星星人有点像，这也是太阳人和星星人"相爱相杀"的原因，他们都不太计较成本，内心的满足和宁静超越了一切。

在我教过的名校学生里，也有不少太阳人。

太阳 A 说，他们的学校校风很好。其实，很多家长不知道的是，很多学校里学生并不以学习好为荣，而是以篮球打得好为荣，以打扮得时髦为荣，以游戏打得好为荣，甚至以能打架为荣，如果太阳人有幸读了一所校风很正、以学习好为荣的学校，他们自然要去争取光荣榜。

太阳 B 说，她是理转文，但是当时学文科在学校里经常被人瞧不起，很多人觉得学不会理科的人才学文科，所以她迟迟下不了决心。直到有一次她给心仪的男孩写情书，结果被老师发现并当着全班的面朗读，她才下定决心进文科班。最初这个太阳人的信念是，如果自己高考成绩优异，班主任就能拿到高额的奖金，但她偏不把奖金给那个班主任。这样的信念支撑着她几乎把教材翻了个稀巴烂，背得滚瓜烂熟，最后考了高考状元。

太阳 C 说，他喜欢的女生在重点班，所以他想进重点班。那时候他觉得如果学习成绩优秀，那个女生就会喜欢他，而且跟她在一个班级可以"近水露台先得月"。

你可以看到，太阳人是愈战愈勇的性格，他们最在乎的并不是物质上的价值，而是是否有人崇拜。家长和老师激发出太阳人为自己而战的源动力，物质上的奖励只是一种辅助。你带他们去见最高的山，他们自然会产生登山的欲望；你带他们去见更厉害的人，他们自然会立下更远大的志向。

因为山就在那里，而他们生来就是要翻越高山的。

3.5　日月星儿童测试：测测你孩子的心流源动力

（此测试请由家长填写。）

1. 孩子更倾向于把什么设定为目标？（　）

A. 被父母、老师肯定

B. 得到想要的奖励

C. 超过别人的感觉

2. 当取得一定的成绩后，孩子更想（　　）。

A. 让家长、老师表扬

B. 暗自得意，享用奖品

C. 炫耀、广而告之

3. 孩子关于笑的表现，最符合以下哪种状态？（　　）

A. 不自觉保持微笑，很少摆臭脸

B. 情绪稳定，根据不同气氛有不同状态

C. 欢快大笑

4. 孩子关于哭的表现，最符合以下哪种状态？（　　）

A. 哭声比较小，更接近表达委屈的啜泣

B. 看情景哭，有时候会边哭边看有没有受到关注

C. 哭声很大，很多时候不知道是什么原因

5. 孩子在与朋友交往时，最喜欢（　　）。

A. 当小跟班

B. 怎样都可以

C. 当孩子王

6. 孩子遇到一个新朋友时，最符合以下哪种状态？（　　）

A. 躲在家长后面，探出一个脑袋

B. 仔细打量新朋友

C. 自来熟，主动和新朋友攀谈

7. 当你拿出一个礼物时，孩子的行为最符合以下哪种？（　　）

A. 很兴奋，不停表示感谢

B. 问你关于礼物的问题

C. 很激动，拿去炫耀

8. 孩子被管教时，最贴近以下哪种反应？（　）

A. 比较听话，愿意服从教育者

B. 对于你的空话、套话他很反感，对于你的建议与方法他很虚心

C. 表面上听了，但实际上抵触管教，只按照自己的想法来

9. 玩的时候，别的孩子哭了，你的孩子会（　）。

A. 情绪被感染

B. 不太关心，更专注于自己的事情

C. 骄傲地告诉你自己很坚强

10. 孩子看到感兴趣的玩具时，一般会（　）。

A. 心里想要，多看几眼，看父母会不会买

B. 跟父母讨价还价

C. 撒泼打滚也必须得到

A代表星星人（仰视者），B代表月亮人（平视者），C代表太阳人（俯视者）。被选择最多的选项，即为孩子的核心属性。

第四章 太阳人的心流源自优越

本章将讲述一个令我印象深刻的学生小斌的故事。他是一个典型的太阳人，脾气倔强，有自己的主见。尽管他的父母都是高知，拥有高收入，但仍然对他的教育头疼不已。接下来，我将分享我是怎样通过让他看见"高山"改变他的，这样的操作你也可以运用到你家属于太阳人的孩子身上。

4.1 客厅骑士

小斌出身书香门第，而且家境优越。有一次班级闲聊，聊起了兴趣爱好，小斌说自己最大的爱好是在家里骑平衡车。

同学们哄堂大笑，都以为他在吹牛，一个爱起哄的同学甚至直接说他在炫富。我回忆起家访时看到的那个百余平方米的客厅——还真能骑平衡车。

小斌的家是我家访时见过的最豪华的家之一，装修用料讲究到可以与希尔顿酒店大堂相媲美。他家铺地用的大理石是别人家用来铺墙的，客厅中间放着三角钢琴和沙发，而它们形成的环形区域，正好可以用来骑平衡车。

小斌家豪华的客厅，让我想起了一句俗语——自己的刀，削不了自己的把。小斌的父母再厉害，也管不好自己的孩子。

作为一个出身穷苦的草根，在教了 1000 多个孩子之后，我深深认同这句俗语，因为我自己也常常对两种现象感慨不已。

第一种现象是，有些家境很好的孩子，明明已经站在了巨人的肩膀上，只要再努力一点，就能考上好大学，但他们为什么就不努力这一点呢？

第二种现象是，那些在官场、商场、职场里杀伐果断的父母，为什么面对自己的孩子，总是束手无策、无能为力呢？

小斌身上就同时出现了这两种现象，他拥有可以在客厅里骑平衡车的家境，拥有为他铺好所有路的父母，这些很多人梦寐以求的东西，小斌却毫无兴趣。

当小斌的父母托朋友找到我的时候，声音里透露着憔悴："这个孩子已经不仅仅是不学习的问题了，他简直是只上蹿下跳的猴子。"

4.2 高空训猫师

我第一次见小斌是在他家的客厅阳台。斌爸打开门，叫小斌出来招待客人，但没有任何回应，直到我们通过客厅的落地窗看到阳台上的小斌。

斌妈被吓坏了，嘴巴张成一个大大的"O"形，似乎想发出尖叫，但喉咙却发不出声音。

斌爸想厉声喝止，话到嘴边又咽了回去，阴沉着脸呵斥："你给我下来。"言语中尽是愤怒和无奈。

我顺着他们的目光望过去，只见一个长相清秀，穿着浅色衣服，高高瘦瘦的男孩，整个身子翻到阳台的护栏之外，用一条胳膊撑着护栏把手，另一条胳膊伸得笔直，手里拿着一团深灰色的毛茸茸的东西。

要知道小斌家在 17 楼，而小斌只靠脚踩着护栏的边缘，外加胳膊撑着护栏把手保持平衡，活脱脱像一个杂技演员。

小斌看见我，一个鹞子翻身，翻回了阳台上。我在大脑里快速思索着破冰的第一句话，我说："你在训猫呢？"

小斌的眼睛亮了一下说："对啊，我们生物老师说猫不怕高，我就想试验一下，看它到底害不害怕。"

我问他："试验的结果呢？"

小斌回答："它可怕了，一直发抖，爪子把我的胳膊挠破了。"小斌的脸上满是不在乎，似乎觉得这样的皮外伤不要紧。

斌妈被吓得双腿发软，哆哆嗦嗦挪动过去，想给儿子处理一下伤口，却被小斌一把推开："你少管我的事。"

斌爸无奈地望向我，想看我怎么处理这件事。我的想法是不急于处理，于是我问他："你知道极限咏宁吗？"

4.3　极限咏宁

这是 2017 年的一桩新闻，当时，有一段视频不停地在各个平台传播、发酵。

视频中，一个戴着发带的消瘦年轻人置身于某高楼的玻璃墙顶端。他不断擦拭着玻璃墙面，似乎在做准备活动。擦拭许久后，他两次尝试将身体悬挂在墙体边缘。

第一次尝试时，他做了两个引体向上，略显艰难地回到墙顶，没有任何保护措施，也没有同伴。

第二次尝试时，悬挂于玻璃墙面的他发现墙面太滑，双脚无法着力，只能靠双臂发力返回墙顶。但他体力不支，撑着胳膊挣扎了二十秒左右，失败了。

随着一声惨叫，他消失在镜头中，只传来一声"砰——啪"。

这段视频来自他之前设置好的一部苹果手机的自拍。

这个年轻人的真名叫吴永宁，1991 年出生在长沙宁乡。如果不是这次意外，他将在两天后去女友家提亲。他的网名叫"极限咏宁"，是一个正在走红的网红，专门在高楼、悬崖等处攀爬，再做出动作自拍，被称为"国内高空挑战第一人"。

4.4 悬崖理论

小斌说:"我当然知道了,我还给我爸妈看过呢。然后我爸妈教育我,千万不能像这个人这样,自己的命都不在乎。你该不会也想教育我吧?"

我说:"没有,我是你爸妈给你请的数学老师,我只负责教数学,另外我从小就确诊了 ADHD(注意缺陷多动障碍),我可能比你更好动,给你讲极限咏宁,是想讲一个有趣的东西。"我又接着问他:"你知道巴菲特吗?"

小斌说:"我知道,他是股神、首富,电影《西虹市首富》里股神的原型就是他,一顿午餐卖几千万元,跟他吃一顿饭,股票能涨停好几次。"

我说:"没错,巴菲特的合伙人有一个悬崖理论,我估计你没听过,但是不要紧,它很好理解,就是高中数学中一个知识的实际应用,叫期望,你知道什么是期望吗?"

小斌说:"听说过,但不会解释。"

我告诉他:"期望,就是你做一件事所预期的结果。比如你花 2 元买彩票,你能得到什么?"

小斌瞪大眼睛问:"难道是 500 万元吗?"

我笑着摇摇头,告诉他:"经过严格的数学计算,你每花 2 元,可以买回来 1.02 元。"

小斌很不解:"花 2 元买 1.02 元,这太奇怪了。"

我说:"是的,很多人都不懂期望陷阱,所以就会在其中越陷越深。一个合格的数学老师,或者说一个接受过正规数学训练的人,是不会沉迷赌博或彩票的。而'悬崖理论',就是一种期望陷阱。"

小斌来了兴趣,缠着我让我讲悬崖理论。

我说:"悬崖理论就是说如果我知道那里有一个悬崖,那我一辈子都不会靠近，因为哪怕掉下去的概率只有万分之一，但掉下去的后果太严重了，所以悬崖理论的期望永远都是负的。比如闯红灯被撞的概率可能只有万分之一，而闯了红灯又侥幸没被撞，你可以节省几十秒的时间，那闯一次红灯的收益是多少？"

小斌有点犹豫，但还是说出了答案："是负无穷？"

"答对了！"我趁热打铁，"那在高考这种级别的考场上作弊，如果成功了，可能多得 100 分；如果失败了，要被禁考 3 年，试卷作废按 0 分处理，那高考作弊的期望是多少呢？"

"这个得算一算，但肯定不高。"小斌思考了一会儿，继续回答，"老师我懂了，阳台外就是悬崖，如果想成功，就要避免走到这样的悬崖上。"

我称赞小斌学会了一个策略，小斌接着问我："这样就能成为巴菲特了吗？"

斌爸好像好不容易抓住了机会，赶紧插话说："那你就跟夏老师好好学吧。"

只见小斌的表情从期待变成了失落，又转化成了厌烦。

4.5 放下说教的执念

我和小斌好不容易创造了一个场域，这里我把它叫作"一起探索未知的世界"，结果斌爸一句话就把这个场域破坏成了"孩子错，大人对"。

作为旁观者，不难看出斌爸的难处：孩子叛逆、厌学，自己拥有一身本领却没办法让孩子也取得世俗意义上的成功，好不容易抓到一点机会，孩子有了兴趣的小火苗，当然想添一把柴，让火烧得越旺越好。

但最好的教育是无声的。

优秀的教育工作者就像一个艺术家，要学会给作品留白。

打一个比方，很多读者可能小时候都听过这样的话，甚至自己对孩子也说过这样的话：不好好学习，长大你就去扫大街。

这句话就犯了"孩子错，大人对"的错，把孩子放在对立面，还希望他能按你的方式勤奋学习，这怎么可能实现呢？

那么一些教育工作者是怎么解决这个问题的呢？

他们的话术是：你看环卫工人多辛苦啊，所以我们要好好学习，帮助他们。

其实这样的教育方式也是不合理的，只能打 59 分，接近及格。

真正好的教育是无声的，是激发出孩子内心的好奇心、探索欲，把世界变好的正念。如果你能抱着这样的念头，自然会放下居高临下的姿态，你会对孩子说：环卫工人好辛苦啊，夏天的太阳那么晒，冬天的风把他们的手都吹裂了。

话说到这里就可以停了，放弃你的说教，忘掉你要告诉孩子的那些大道理——"好好学习才能帮助人"或"好好学习，才不会扫大街"。孩子自己能领悟，尤其是小斌这样的太阳人。

我常说，教育太阳人是"伴君如伴虎"，你永远不要指望自己能给他们灌输什么道理，要学会让他们自己想明白。

等他们真正意识到什么是对的，意识到自己应该做什么后，那就是九头牛都拉不回来了。而教育者要做的，就是给他们选择的机会。

4.6 巴菲特的拼图

小斌问我："学会'悬崖理论'，就能成为巴菲特了吗？"

我告诉他，我不知道，不然我也成为巴菲特了。作为数学老师，我能给他的可能只有一块拼图，这块拼图的名字叫"概率统计"，仅此而已。

成为巴菲特可能还需要其他 99 块拼图，要靠他自己去收集。

说完我立刻问他："那你想成为巴菲特吗？"

小斌没有回答我，但眼神变得坚毅了起来，那一瞬间我知道他是想的。

后来的故事想必你也能猜到了，概率统计那一章小斌学得特别认真，而知识是可以迁移的。

作为一名老师，我深知高中学习的艰苦。学生们每天五六点起床，一直学习到深夜。这种高强度的学习让"996"的打工人都望尘莫及。

不用说你也想得到，小斌这个能把身子探出 17 楼抱猫的孩子肯定是坐不住的，更是没办法长时间承受这样的学习强度。终于，在他数学只考了 78 分，没有及格的那一次，他崩溃了。

说实话，一个身高 1.85 米的大男孩在你面前崩溃，你是很难处理的，而学到崩溃又是每一个真心想提高成绩的孩子、每一个想登上顶峰的孩子一定会经历的。

你作为老师或家长，会怎样处理这样的崩溃情绪呢？

对于太阳人来说，就应该用热血来"浇灌"他们。

4.7 用热血"浇灌"太阳人

我的合伙人，也是本书的另一位作者胡老师给我讲过一个她做的案例，叫作最勇猛精进的孩子，就要用最热的血"浇灌"他们。

其实爱与自由并不等于"快乐教育"，也不等于轻易放弃，更不等于溺爱。爱是看见孩子到底需要什么，而自由是尊重孩子的界限。在这里你只需要记住，严格并不会损害爱与自由。

爱与自由的关键是看见孩子真正的需求。

举个例子，孩子爱打乒乓球，输了比赛沮丧大哭。这时候，家长说"没有得第一不要紧，爸爸妈妈永远爱你"，这是爱与自由吗？

显然不是。因为家长并没有看见孩子真正的需求——由竞争欲及好胜心所导致的挫败感。孩子想要的是赢，而不是家长以为的"没有得第一不要紧"。

正是对好胜心的逃避和对挫折的不知所措，导致家长看不到孩子的心理需求。

那么家长应该怎么做？看到孩子沮丧的情绪，以及背后强大的好胜心，请赞美和鼓励孩子保持这份好胜心吧！你可以说："输了很让人不高兴吧？但是没关系，爸爸妈妈陪着你一起练，咱们下次把第一赢回来。"

真正的爱与自由是什么，你学会了吗？

4.8 知识的迁移

知识迁移是一个产生于 20 世纪 90 年代的概念，其基本原理是利用新旧知识之间的联系，启发人们由旧知识去思考，领会新知识，进而掌握学习知识的方法。

比如，如果你能学好书上某一个章节的知识，很大概率就能学会和它逻辑类似的章节。

那次关于巴菲特的谈话之后，我能明显感觉到小斌的学习态度有了彻底的转变。

过去他不知道为什么而学习，如今他是为了成为巴菲特而学习，甚至是为了探索老师也不知道的宝藏而学习。

过去他不知道怎样能学会知识，如今他把自己在概率这一章节的经验不断复制，最后点亮所有的"知识地图"。

小斌最后高考考了 550 分，这个成绩对于很多人来说并不算高，但对于一个基础只有 300 分的学生来说，已经是一个奇迹了。

不能否认小斌本身是一个很聪明的孩子，但更重要的是他明白了为何而学习、为何而战。

值得一提的是，高考完的小斌并没有变成一个迷茫的人，他甚至知道自己接下来要为何而战。

我问他打算学什么专业，这个帅气的大男孩眨眨眼睛告诉我："老师，你知道的呀，我想成为巴菲特。"

第五章 月亮人的心流源自清醒

这一章，我会用一名同事的真实故事，向你展示一个月亮人是怎样通过艰难的探索和实践完成"逆天改命"的。对于月亮人来说，最好的教育就是让他们认清世界运转的真相，他们会毫不迟疑地选择最有利于生存的路径，并且坚定不移地走下去。

5.1　24人间

2008年，庞飞又参加了一次高考，尽管这是他第二次参加高考，他的成绩也只够上专科，坦率地讲，这并不完全是他的责任。

他生活在一个"高考大省"，竞争本来就异常激烈，再加上他又生在农村，没有太好的教育资源。如果只是这样也就罢了，可庞飞的爸爸在他很小的时候就离开了人世，缺少了父亲这个顶梁柱，庞飞的家一贫如洗；庞飞的妈妈患有精神疾病，庞飞有时会抽搐、晕倒，便是和遗传有关。

庞飞对爸爸印象不深，只记得年幼时爸爸总是对他念叨："长大了要好好读书，读书能改变命运。"

然而庞飞两次高考都失利了，同年他的堂弟考上了本科，二叔得意地对他说："你看你弟弟，第一年高考就考了个本科，而你复读了一年，还是没考过本科线。你就别读书了，家里也供不起了。"

庞飞心里五味杂陈，当晚，庞飞久久不能入眠，爸爸很久以前对他的念叨仿佛又萦绕在他耳边。

为了让自己有一个更好的前途，庞飞决定再次复读。

复读要解决的第一个问题就是钱。

高考大省的乡镇高中，每年只有零星几个人能考上本科，想在这里"逆天改命"，几乎是不可能的。

庞飞已经20岁了，自然多了一些社会经验。他知道省内有一所高中以学生高考成绩优异出名，人称"高考工厂"，如果能去那里复读，相信自己的成绩可以有很大的提升。

然而"高考工厂"几千元的学费却令他望而却步。这笔钱在2008年对庞飞的家庭来说，并不是一笔小数目，庞飞不知道从哪里能挣到这笔学费。

幸好他以前的同学给他指出了一条门路——去电子厂打暑期工。

于是庞飞背上了行囊，和同学一起南下。电子厂正是中国制造业在那个年代的缩影——每天12个小时以上的工作时长，住24人一间的宿舍，只有老旧的吊扇咯吱咯吱响个不停。宿舍在厂房里，甚至连窗户都没有，庞飞几次在褥子下面拍死蟑螂。

当时一些地区对劳动法的落实并不严格，员工哪怕上厕所的次数多了都会被批评。就在这样恶劣的条件下，庞飞挣到了自己人生中的第一笔钱，扣完了罚款，总算凑够了学费。

未曾清贫难成人，不经打击老天真。电子厂的经历成了庞飞头悬梁锥刺股的动力，从电子厂回到学校，庞飞的心彻彻底底地静了下来。

是啊，日复一日，把人当成机器的流水线都承受住了，还有什么是不能忍受的呢？

人的成长往往是在经历了巨大的变故之后才会发生的，庞飞也是一样。在"高考工厂"复读的这一年，他几乎拼尽了全力。

"高考工厂"比镇上的高中严格得多，每天早上5点多就要起床，晚自习要上到10点半，甚至很多同学还趴在被窝里一边打着手电筒学习，一边躲避查寝老师的检查。

但是这和流水线上失去灵魂的重复劳动比起来，又算什么呢？和生活的苦难比起来，又算什么呢？

庞飞的成绩突飞猛进，除了英语有些拖后腿。

每次月考，庞飞都能进步几十名，要知道，这是很艰难的事情。所有的人都在努力，你要比其他人付出更多，才可能在激烈的竞争中，保持前进的优势。

在被窝里照亮庞飞演算当天没有学会的知识的那支手电筒，见证了他的付出。

第三次高考，庞飞终于超过了本科线 2 分。

然而命运仿佛跟他开了一个玩笑，当时的志愿填报方式是估分报志愿，因为估分失误，庞飞滑档了，并没有进入本科。

5.2 贵人的点拨

庞飞的班主任很欣赏他，得知他滑档的消息后，便鼓励庞飞再读一年，并告诉他："学校对升学率有要求，所以对高考超过本科线的学生，有免学费的优惠政策。"

再读一年？庞飞心想，自己真的有资格再读一年吗？且不说再读一年他已经是"高七"了，就算自己能受得了，妈妈还能再等他一年吗？

班主任似乎看出了他的疑惑，告诉他："如果你想改变命运，那就要读。"

庞飞被说得心动了，他已经亲身经历过社会的磨炼，知道没有学历的结果，老师讲的道理并非空洞，庞飞下定决心继续复读。暑假里庞飞继续打工挣生活费，他想了很久，决定去当保安上夜班，不为别的，就为了能在晚上闷热的岗亭里掏出小本子背单词。

也就是这个暑假每天夜里背单词，让庞飞的英语突飞猛进。

庞飞甚至没有将自己滑档的事情告诉妈妈。一方面，她听不太懂；另一方面，这也是庞飞心中最后的一点倔强了，他不希望再被人看不起。

庞飞瞒下了所有人，带着老师给他的信念，开始了新的复读征程。

对于月亮人来说，只要他知道做这件事能获得什么，家长就不用再"鸡娃"了。

这一年庞飞的成绩继续突飞猛进，尤其是在解决了英语这个"老大难"以后，他终于不再"瘸腿"了，可以把更多时间用在理科的学习上。不同于语文、英语斜坡式的进步，理科的学习更多需要的是顿悟，是阶梯式的进步。有了足够的精力，庞飞自然迎来了一次又一次顿悟。

庞飞高兴极了，但毕竟自己已经 22 岁了。按说这样的经历会让他被同学嘲笑甚至霸凌，但好在学校的校风比较好，而且庞飞经常给同学们讲题，反而很受尊重。

高考前两天，学校按照惯例放了考前假，庞飞没办法回老家，就在学校附近的小旅馆休息和备考。

他约了心仪的女孩一起去文具店，挑选高考时需要用的文具。庞飞不敢把自己心中的情愫说出来，他太自卑了，能和女孩一起做做题、挑挑文具，就已经让他满足了。

女孩显然有些紧张，不像庞飞那样"久经沙场"。她问庞飞有没有信心，庞飞信心满满，安慰女孩道："别紧张，考完就可以过一个快乐的暑假啦。"

正在他们兴高采烈地为了后天"上战场"挑选心仪的"兵器"时，庞飞晕倒了，手脚抽搐，口吐白沫。这是庞飞第一次癫痫发作，他不知道该怎么应对，还摔断了右手。

庞飞没办法正常参加高考了。

5.3　生病的真相

医院给出的诊断是遗传性癫痫，按时吃药可以控制，但不能治愈，庞飞妈妈的失能也是多次发病所导致的。而对于庞飞来说，当下最大的问题是如何在考试中用左手答题——至少语文作文、英语作文都很难得分了。

庞飞的第四次高考又失利了。无奈之下，庞飞再次在暑假打工，可摔断了右手之后，他连电子厂和保安的工作都找不到了。

不同往年的是，庞飞这次只敢偷偷去打工，不敢让家里人知道。庞飞在班主任的介绍下，在老家县城一家辅导机构找了一份助教的工作。但庞飞这个暑假过得并不好，他本想瞒过家里人，但还是暴露了，因为一所专科的录取通知书寄到了庞飞家里。

姥姥不识字，于是将录取通知书拿给二叔看，二叔的电话当即打来："你一直和我们说你去上大学了，原来是在偷偷复读，而且又是这个结果。你弟弟大学都快毕业了，你也别折腾了，还是跟我一起做点小生意吧。"

二叔的话语像一根刺一样扎进庞飞心里，这些年经历的点点滴滴，让庞飞认清了世界的真相。他一遍一遍地读《战国策·秦策一》，读到苏秦贫困潦倒时，父母不拿他当儿子，身居高位时，哥嫂又匍匐而行，苏秦感慨说"贫穷则父母不子,富贵则亲戚畏惧。人生世上,势位富厚,盖可忽乎哉"时，跟着苏秦一起痛哭流涕。

庞飞自此更加发愤图强，终于在第六次高考中，考上了一所211的师范大学。这也是庞飞能认识我的原因，也是庞飞能在我的学校里激励那么多孩子的原因——我在招聘答疑老师的时候认识了他，当时他才大三，但因为参加了6次高考，所以比我还大几岁，答疑老师的岗位是兼职，面试时我只看了他的学生证，然后考了他一些题目，并没有想到他背后有这么多故事。

虽然出身贫苦，但庞飞还是通过自己的努力成功改变了命运，从一个进过电子厂、当过保安、做过助教的人，变成一名老师，而且是一名讲课很不错的老师。

在这个过程中,他完成了属于自己的"逆天改命"。

庞飞有一个愿望,就是能进入母校那样的高中当老师,但他知道因为身体疾病,他可能连体检都无法通过,拿不到正式编制。

但他还是做到了,现在的庞飞在一个知名的教育集团当老师,不仅如此,他还经常到各地参加授课竞赛。

5.4 爱念与恨念

我常常问我的学生们:"大家考一次高考,都学得要死要活,那到底是什么样的信念能支撑庞飞参加 6 次高考呢?"

其实教育是语言的艺术,老师和家长如果告诉孩子,你要努力学习,他们会很抵触;老师和家长如果问孩子,什么是你们学习的动力,他们会羞于启齿。

但讨论起庞飞的故事,他们兴致盎然。总结他们的讨论,我得到的答案是"信念"。

面对高考或人生中的所有"高山",人都需要信念支撑自己一直走下去。

但仅有信念两个字作为答案还不够,信念分为"爱念"和"恨念"两种。

在庞飞的经历里,父亲对他念叨的那句话,就是他的爱念;而二叔对他的嘲讽和鄙视,就是他的恨念。

爱念在他的潜意识里,指引他努力读书改变自己的命运;而恨念则像一根刺,在他想要放弃的时候,提醒他再坚持一下。

我问我的学生们:"你们找到自己的信念了吗?"

这里我也想问读者朋友们:你或你的孩子,有自己的信念吗?

信念能支撑一个孩子像庞飞一样追寻自己的目标,永不放弃。

庞飞是一个认清了世界真相，却仍然对这个世界充满信心，不言乏力、不言放弃的人。或许这就是月亮人的英雄主义吧！

通常，月亮人由于更容易被务实价值交换打动，反而比较难找到务虚的信念，如果可以帮助月亮人孩子建立一个必须守护的信仰，他们一定能还给你惊喜。

第六章
星星人的心流源自崇拜

星星人最需要的是能够让他们崇拜的人。要知道，很多孩子只是在父母面前叛逆，对他们心目中的偶像可是言听计从，可以说父母的唠叨，不如"高人"的一句点拨。

6.1 富二代的刁难

"胡老师，谢谢你几年前组织的游学营，现在我终于成了哈佛大学的一名学生。我永远记得你为我们上的那一课，我发现我越来越像你了。"饭桌上的这段话，勾起了我的合伙人——胡老师——一段尘封的回忆。

十几年前的一个夏天，胡老师的耳边响起的是："胡老师，我们什么时候去买香奈儿，我不想逛博物馆，我要去买奢侈品！"面对眼前一群十五六岁的孩子的刁难，胡老师涨红了脸，说不出话来。

当他们抵达波士顿机场时，胡老师面对的第一个问题就是："为什么没有豪华轿车来接我们，只有一辆大巴？"

当发现胡老师预定的酒店是三星级时，孩子们说："在国内，我们出门住的酒店都是五星级的，为什么来美国却只能住三星级的酒店。"

这是十几年前胡老师做中美游学项目的一段经历。当时初出茅庐的胡老师，必须妥善处理这些娇生惯养的"小少爷""小公主"的情绪问题。

这些孩子大多想要去美国读本科，所以他们会选择先在美国度过一个暑假，上一段类似暑期学校的课程，这种游学的时间比暑期学校稍短一些，通常为 2～4 周，而正常的美国暑期学校一般会持续 2～3 个月。随着中国经济的高速发展，一部分中国人变得非常有钱，他们都削尖了脑袋想把孩子送去留学，在这样的背景下，出国游学变得非常热门。胡老师主持的项目就是组织这样的游学团，而她的项目前往的是全球最好的学校之一——哈佛大学。

要申请读哈佛大学，不仅孩子成绩要优秀，而且家庭资产也要达到一定级别。这些孩子以高中生为主，他们的目标是在国内读私立学校，然后去美国"爬藤"（读常青藤联盟学校）。

当时胡老师也就二十多岁，第一次遇到这样的事情，孩子们对接驳车、酒店和行程的抱怨与挑剔让胡老师难以应对。胡老师甚至能透过孩子们的眼睛看到他们内心的真实想法：我在美国就应该有更好的待遇。

但其中有一个叫小静的女孩是个例外，她是队伍里为数不多的初中生，在聒噪的哥哥姐姐中显得异常安静。小静常常在队伍里的"刺头"们质疑胡老师时，不声不响地用眼神给胡老师支持。

正如开头所说，孩子们并不想听导游讲解波士顿的文化和历史，而是想去买奢侈品。初出茅庐的胡老师被他们打击得有些崩溃了。有一天胡老师去和一个哈佛教授见面，讨论第二天讲课的内容，当胡老师到达教授的办公室时，教授注意到了胡老师的情绪不太好，于是便耐心地询问胡老师情况。

胡老师感到有些羞耻，但还是鼓起勇气告诉教授："我被一群比我小十岁的青少年刁难了。"说到这里，胡老师又产生了一种家丑不可外扬的羞耻感，觉得应当为同胞们说句话，于是补充道："这些孩子似乎对美国的环境不太适应。"

胡老师向教授讲述了这些孩子在过去的几天里刁难她的经过。教授听完十分气愤地说："这些孩子真是太不知天高地厚了。因为家里都很有钱，一直被家里宠着，所以他们对这所顶尖学府的教育和风气并不了解，让我来帮你解决这个问题。"

6.2 课堂上的"假钞"

原本在游学营的孩子们抵达美国之前，胡老师和教授就已经商定好了课程内容，但教授听到胡老师的遭遇后，决定临时更改第二天的教学计划。他说："我觉得这些孩子可能还没有做好来学习知识的准备，所以我不打算按原计划讲课了。"

听到这句话，胡老师更加紧张了，因为如果教授更改了课程，那么她可能就无法完成承诺了，那样孩子们会加倍刁难她。但教授似乎看穿了胡老师的担忧，说："我一定会让这些孩子在上完这节课之后，不再对你出言不逊。"

第二天，孩子们开始在哈佛大学上课，有一些孩子不重视纪律，迟到了两三分钟，本来这不是什么大事，可教授却以此为引开始了当天的第一节课，胡老师坐在教室靠墙的位置，见证了接下来的一幕，小静则坐在她旁边。

教授等大家都坐定，才缓缓地开口说道："你们都来自中国非常富有的家庭。"听到这句话，孩子们心里觉得很高兴，虽然嘴上没有说什么，但从他们的眼神中可以看出他们认同了教授的说法。然后，教授问："请介绍一下你们各自的父母都是做什么工作的。"于是，孩子们依次介绍了自己的家庭情况，充满自豪地讲起自己的父母。

这些孩子说话时都充满自信，而且这些孩子的英文都很好，因此课堂的气氛也比较好。相比之下，只有小静有些紧张和害羞，说自己的父母都是英文老师。

教授听完每个孩子的介绍之后，话锋一转："刚才你们迟到了两三分钟。那么这两三分钟对于别人来说意味着什么，你们知道吗？你们都来自富有的家庭，相信你们应该知道珍惜财富。而时间就是一种财富，你们迟到就是没有珍惜财富。"

孩子们面面相觑，只见教授从桌子上拿出一沓美元，胡老师坐在前排，一眼就看出那沓美元是"假钞"，因为上面印着的头像是一位电影演员。

这沓"假钞"每张面值为 1000 万美元，共有 100 张。教授拿着这沓很厚的绿色"假钞"说："我们今天的课堂上要玩一个和金钱有关的游戏，请大家思考一下，你们认为一个人一辈子究竟需要多少钱才够花？"

这个问题一抛出来，教室立马炸了锅。

孩子们开始兴高采烈地讨论自己一生需要多少钱才够花。虽然他们是青少年，对钱没有什么概念，但是他们仍然很认真地讨论这个问题，最终大家达成了共识，得出了一个结论——2000 万美元，相当于人民币一亿多元。

听到这个结论，教授便问孩子们："如果你们手头有 2000 万美元，你们会如何花这笔钱？"

教授边说边让助教给每个孩子发了 2 张 1000 万美元的"假钞"。他们手里拿着 2000 万美元，又热烈地讨论起来，大部分人都表示要用这些钱来读哈佛大学。这大概需要 200 万～300 万美元的预算。

教授则引导孩子们讨论如何使用这些钱，如买房子需要花费多少钱，买奢侈品需要花费多少钱等。最终，他们惊讶地发现 2000 万美元好像并不够他们花。

6.3 哈佛第一课

课堂氛围有些沉寂，教授适时地打破沉默，他问孩子们："你们是否只想过如何花掉 2000 万美元，却并没有想过要为社会做出贡献让这笔钱变得更多？你们的思维是消费者的思维，而非生产者的思维，因为你们从来没有站在生产者的角度来思考这笔钱，所以无论何时你们都无法摆脱金钱消耗殆尽的恐慌。"

孩子们听完愣住了，似乎被教授的话击中。在座的孩子们可能听过"生产者"这个词，但并不理解其含义和责任。教授引导孩子们想一想自己的父母是如何创造财富的，如果给他们 2000 万美元，他们这一生是否可以创造出父母所创造的财富？这样的灵魂拷问让孩子们感到恐慌，因为他们从来没有想过有一天要面对这样的问题。

这些孩子一直以来的想法都是只要上了好大学就可以了，其他的父母会帮他们规划好。他们从未考虑过自己所拥有的财富是有限的，五星级酒店、奢侈品和米其林美食都不是凭空出现的，他们从未想过自己要为社会做出什么样的贡献。

教授接着说："我听说昨天你们对胡老师特别无礼。你们是不是认为她收了你们的学费，就应该为你们服务，解决你们在美国遇到的所有问题？这是你们的思维方式，也是孩子和成人思维模式之间的区别。一个成年人会先解决自己的问题，然后通过解决别人的问题来赚取财富。你们引以为豪的父母在胡老师这个年纪，也未必能成为一个独立的生产者，你们将来到了胡老师这个年纪也未必能组织起这么大一个漂洋过海的游学营。你们有什么资格对胡老师无礼呢？"

整个课堂陷入了更深的沉默，有一些孩子还小声地向胡老师道歉。

6.4　小静的秘密

教授又向他们解释道："你们来哈佛大学游学班，我想你们中的很多人都对申请哈佛大学很感兴趣。作为哈佛大学的教授，我想告诉你们，哈佛大学想要的是有担当精神的人。"

担当精神是一个在美国文化中很常见的词汇，我们可以把它理解为有责任感。

这些孩子第一次听到这么新鲜的概念。教授接着告诉他们："从现在开始你们不能只是一个纯粹的消费者,而是要成为一个社会的生产者,至少要让你们父母的财富可以延续下去。这就是我为你们上的第一堂课。"

这些孩子其实都很聪明,他们知道教授是在试图唤醒他们的担当精神。一些孩子感到非常羞愧,脸都红了,一些孩子承认:"过去我们从来没在书本上学过这样的内容,今天教授第一次向我们解释了社会责任是什么。我们不能仅仅凭借花钱来体现自己的价值,而应该思考如何为社会创造价值。"

那节课以后,这些孩子对胡老师的态度就变得非常尊敬,没有孩子再问胡老师为什么住的不是五星级酒店,也没有孩子抱怨大学提供的东西不好吃了。

而让胡老师印象最深刻的便是小静。一天夜里,小静敲开了胡老师的房门,给胡老师讲了她的故事。小静的家境并不像游学营里的其他孩子那样富裕,她的父母都是普通老师,但是她有一个非常有钱的伯伯。伯伯很重视整个家族的教育,家族里的孩子只要愿意学习,伯伯都会大力支持,这也是小静能参加这个游学营的原因。

然而在这群孩子中,小静感到了自卑,她郑重地对胡老师说:"胡老师,见到你的第一面,我就有一种特别的感觉,你就是我想要成为的人。你是女孩子,也没比我大几岁,一个人在异国闯荡已经做出了一番事业,我真的很喜欢你。"胡老师听得眼中含泪,这几天所受的委屈和刁难瞬间又浮现在眼前。小静望着胡老师继续说:"这几天听完教授的课,我才能准确地讲出我向往的是什么。我不仅羡慕你有自己的事业,更羡慕你是一个可以解决问题的'生产者',今后你就是我的榜样了!"

胡老师再也抑制不住眼中的泪水,被眼前这个星星人感动得哭了出来。星星人就是有这样击中人内心的能力。那对于我们教育者来说,我们的责任就是当看到孩子需要一个榜样的时候,勇敢地站出来,成为这个榜样。

直到现在，胡老师和这些孩子中的很多人还有联系，尤其是当时最受触动的几位星星人。有些人还时不时向胡老师汇报他们的成绩。如果没有那次游学，或者没有那位教授给他们讲的那堂课，他们可能会继续沉浸在自己的无知和傲慢中。

但我最想通过胡老师的这段经历告诉你的是小静的故事，像小静这样的星星人，最需要的是一个可以学习的榜样。如果你的孩子也是星星人，就鼓励他勇敢地"追逐太阳"吧！

第三篇

讲经阁：规则与目标保障心流

我常常听到家长抱怨孩子沉迷游戏，但是请回忆一下你小时候，在手机游戏还没有普及的年代，你难道就会心无旁骛地学习吗？显然不是，没有游戏，还有电视、纸牌、小说、运动等让孩子们沉迷。所以出问题的不是游戏，而是和游戏相比，学习有一个很明显的缺陷——没有明确的规则。

在俄罗斯方块游戏里，你的方块放进去了就是放进去了，没放进去就是没放进去；在射击游戏里，你战胜对方就会得到奖励；在解谜游戏里，你缺少条件就是没办法解开谜题。

那肯定有读者会问：可是学习不也一样吗？会就是会，做不出来就是做不出来，和游戏有什么区别吗？

答案是区别非常大，且越到高年级区别越大。这个区别使得古往今来的很多教育者都陷入一个误区——你的规则到底是在验收结果，还是在验收过程。你会发现游戏都是验收过程的，每一个方块、每一发射击、每一条线索都会考核你一次。

但考试验收的却是结果。

第七章
规则与心流：从学游泳的一段经历讲起

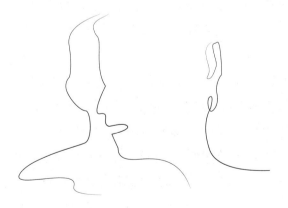

作为一个身体力行教过 1000 多个学生，并和他们同吃同住的老师，我相信绝大多数孩子的天赋其实都足够保证他们考上不错的大学，关键在于他们有没有"开悟"。

你一定也常常听到这样的点评："这个孩子不错，就是没开窍。"这个"开窍"其实就是指悟道的过程。但如果只是理解到这层，其实就陷入"道可道，非常道"的哑谜中了。想准确地对"开窍"这件事"开窍"，你还要理解你需要"开"的是什么。其实很简单，用一句话概括就是在什么标准下算是学会了。下面请让我给你讲一个我学习游泳的故事。

7.1 学习如溺水

我小时候总是羡慕会游泳的孩子，看着他们在游泳池里自由自在地畅游，享受着水的柔软与自由，我也很想掌握这项技能，于是央求父母让我参加一个游泳班。

我的第一个游泳教练是一个刚退役的运动员，他的实力非常强大，不仅游泳很厉害，田径也特别强，100 米可以在 11 秒以内跑完，是一个运动健将。我之所以记得这么清楚，是因为我爸一直跟我强调这个成绩有多了不起。

健将教练非常认真地教我们如何换气、滑手、蹬腿及保持身体协调等一系列游泳技巧。我们也特别认真地学习，一遍遍地练习每一个动作，如手要夹起来画圆，腿要张开向后蹬水，脚尖要回勾……

总之，健将教练试图将所有正确的游泳动作都传授给我们，不仅讲得细致，而且让我们在岸上反复练习。而游泳是我自己想学的技能，我有了心流的第一件法宝"自发的愿望"，所以我很虚心地学习，练习得也很认真，我和教练都充满了信心。

第七章 规则与心流：从学游泳的一段经历讲起

"跳！"健将教练一声令下，我便扑通一声扎入水中。

然而，当我被水淹没时，我瞬间感到无比的恐惧。一开始，我还尽可能地试图保持冷静，但当我意识到自己无法自救时，我开始感到绝望。我忘掉了手、脚、腿、臂的一切动作技巧，只有一个念头——水淹过来了，像是被一股巨大的黑暗力量吞噬了。我感到自己的身体无力，四肢乏力，仿佛被一股无形的力量吸引向下。我不断地向上挣扎，但水压让我无法呼吸，我感觉自己即将窒息。我拼命地呼救，但水声将我的声音淹没了，我感觉自己被孤立在一个完全黑暗的世界里。

而当我在水里挣扎时，突然有一股水涌进了我的口鼻里。我感到喉咙一阵疼痛，同时也无法呼吸。那种感觉就像是一股强大的力量将我从内部夹住一样，我想呼吸，但喉咙却无法传送空气，我感到非常恐惧。我试图张嘴呼吸，但是每次呼吸口鼻里都会涌进更多的水，我感觉自己无法逃出这个恶性循环。

时间可能只过去了 10 秒，但对我来说就像一个世纪一样漫长。这种恐惧感持续了很长一段时间，直到我听到扑通一声，感觉到自己瘦小的身体被抱住才终于结束——原来是健将教练跳下来救我了。

曾经有人问我为什么能成为一个还不错的老师，为什么总是有这么多的耐心，我想大概是因为我溺过水吧！当你辅导作业到"鸡飞狗跳"的时候，当你诘问孩子怎么就是学不会的时候，你要想一想，他内心的感觉是什么？——是溺水，在你看来很简单的问题，在小小的他看来是恐惧和窒息。我把孩子和家长在黑暗中挣扎的无助和绝望看作溺水。读者朋友，你呢？你是否想过孩子并非不上进，他在写作业时，在考场面对自己做不出来的题目时，其实就和一个不会游泳的人溺水一样，他感受到的只有恐惧。

这次经历给年幼的我留下了深深的心理阴影，让我几乎放弃了学游泳，直到我遇到一位神奇的教练。

7.2 会游的标准是浮起来

虽然我主观上已经放弃了游泳，但游泳馆不断地催我去上课，父母也反复劝导，因此我不得不重新开始学习游泳。

这次我遇到了另一个教练。

这个教练是一个胖教练，与前任教练那运动健将般的身材完全是两个极端，我好不容易鼓起来的勇气又消散了不少，打心底里怀疑今天是不是又要溺水了，觉得他不可能教会我游泳。

胖教练好像感受到了我恐慌的情绪。开始上课后，他跳入游泳池中，在浅水区抱住我的腰，让我尽可能趴在水里，没有像之前的健将教练一样教我任何技巧，只是轻轻地、不断地对我重复："浮起来。"

就这样过了大约 20 分钟，我对水的恐惧竟然渐渐消失了，他开始与我玩一个游戏，他说他会松开手一秒，然后再抱住我，让我屏住呼吸体会这一秒。

我好不容易放松下来的心情又紧张起来，生怕再次被卷入黑暗的旋涡，但是神奇的事情发生了，尽管我的腿有些下沉，但我基本还是保持住了漂浮的姿势。

然后是两秒、三秒、五秒、十秒……

我就这样神奇地学会了在水中浮起来，更重要的是，我不怕水了。

胖教练趁热打铁，给我讲解漂浮的要领，示范怎样抬起手臂，放松身体，让自己漂浮在水面上。这时我才发现，相比复杂的游泳姿势，胖教练只是简单地告诉我如何保持平衡和放松。

随着时间一分一秒过去，我逐渐习惯了身体在水里的感觉。我感受到了水的浮力，学会了如何保持呼吸，感受到了蹬腿的力量是如何帮助我前进的。我对于游泳的理解从简单的"技巧"转变为更深层次的"感觉"。

胖教练并没有让我做任何复杂的动作，他只是让我不断练习浮起来，但这种简单的练习却教会了我如何在水中自如地移动。

多年后，我还是常常想起之前那个健将教练的样子，他把复杂的技巧灌输给我，却忽略了我基本的体验，也忽略了我的感受。或许，这正是我一开始感到迷惑和恐惧的原因。当规则太过复杂时，人很容易失去自信，从而感到困惑和无助。

渐渐地，我开始享受在水中自由自在地游泳的感觉。胖教练成了我的良师益友，他教会我如何在水中自如地呼吸，如何放松身体，如何运用蹬腿的力量，这些都让我在游泳时感觉更加自信和舒适。

在这段时间里，我也发现了游泳的另一个乐趣——享受在水中的静谧和放松。每当我在水中漂浮着，看着天空中的云朵时，我就会感受到内心十分宁静。我终于明白了，游泳不仅是一项运动，更是一种身心的放松和冥想。

能够遇到胖教练这样的良师，我感到非常幸运，他不仅教会了我游泳的技巧，更让我重新认识了游泳的本质。他教会了我如何通过内心的感受去理解游泳，而不是简单地按照技巧做动作。

终于，我参加了游泳班的结业考试，我的表现非常出色，得到了高分。而没过多久，我就可以完成几千米的畅游了。

这次学习游泳的经历让我开始深思，为什么我在第一个教练那里学了那么久，却仍然无法学会游泳呢？为什么我学得越仔细，反而越害怕呢？我意识到，我的第一个教练过于注重规则和技术细节，而忽略了游泳最基本的规则——浮起来。

我开始反思，这是否也是我们在生活中常常面临的问题。我们是否也常常陷入过度注重规则和技术细节的泥潭中，把规则变复杂，从而让学生无法继续学下去呢？

胖教练的教学方法非常简单，他不会让我迷失在太多的技术术语和细节之中，而是告诉我只需要做到一件简单的事情，那就是"浮起来"。

他告诉我："当你在水中感到害怕或不知所措时，只需要放松身体，保持平稳的呼吸，然后慢慢地蹬腿，就可以轻松地浮起来。只要你能浮起来，你就掌握了游泳最基本的技巧。"

从那时起我爱上了游泳，并且开始享受游泳带给我的自由和快乐。我感觉自己像是一条鱼，自由自在地畅游在水中。我不再过于追求技术上的完美，而是专注于感受游泳带给我的自由和快乐。

我想，既然我能经由胖教练爱上游泳，在游泳中进入心流，我也一定能够用同样的原理，让我的学生爱上学习，让他们体会到在学海中畅游的快乐。

拥有了心流这件法宝，你在生活的水流中也可以乘风破浪。

7.3 做孩子的"胖教练"

小时候学习游泳的经历，让我懂得了简化规则在教育中的重要性。这是教育中的一个重要理念，却很容易被家长忽略。

我曾经教过一个让我印象深刻的女孩，她叫小度，和我一样，也患有ADHD，为此一直被妈妈批评学习态度不好。

我还清楚地记得第一次见到小度时的情景。她推门而入，没有打招呼就坐在了我面前，一副漫不经心的样子。但我感觉她有点像一只受惊的小猫，身体轻轻颤抖着，眼睛中闪烁着不安的光芒。

小度的问题并不是学习成绩不好，而是她在课堂上经常走神、东张西望，或者在本子上涂鸦。她妈妈很担心这一点，认为她需要端正学习态度。我知道这是一件不容易的事情，但我想尝试帮助她。

第七章　规则与心流：从学游泳的一段经历讲起

有了小时候学游泳的经历，我其实很明白小度的问题出在哪里——妈妈给了她不合理的约束规则。妈妈总是要求她学习态度要端正，而学习态度是否端正其实和成绩无关。妈妈从一开始就指责小度的学习态度有问题，这让小度无所适从，不知道该怎么做才能够让妈妈满意。

为了说服小度的妈妈，我甚至给她举了这样一个例子："你总是要求小度端正学习态度，其实你真正想要的东西并不是这个。打个比方，如果小度天天边看书边倒立，最后考上了中国人民大学，你肯定不会批评她，反而会骄傲地跟亲戚朋友说看我家姑娘多厉害，天天没个坐相，还能考上中国人民大学。"

见小度妈妈认同了我的观点，我便对小度说："我只有一条规则，就是每堂课的课后作业，你要给我讲讲你是怎样思考的。如果你能把我教给你的知识讲清楚，相信你就会在学习中找到乐趣。不要担心其他人怎么看你，你只需要关注你自己。"

小度沉默了一会儿，然后点了点头。我发现她眼中的不安情绪更加明显。我决定给她一些鼓励，让她感受到学习的乐趣，就像 20 年前胖教练给我的安全感一样。因为自己淋过雨，我也想为别人撑把伞。

我用简单的语言向小度介绍了一些基本概念，让她画图表、写笔记，让她用自己的话来解释所学的知识点。我鼓励她问问题，并且尽可能给予她详细的回答。我甚至给她讲了我自己的故事："我小时候就被确诊了ADHD，但是我有自己的一套学习方法，我高中的时候就边做平板支撑边看书。哪怕到了现在，我的很多书稿都是边走路边用语音输入的。"

小度被我逗乐了，渐渐地放松下来，兴致勃勃地和我讨论问题，甚至和我一样，边走路边讨论。她发现自己其实挺喜欢学习的，只是以前没有找到适合自己的学习方式。而现在她只需要遵循一个规则——用自己的话讲清楚自己做题的思路，不久以后她便完全进入了学习状态。

在我的帮助下，小度找到了自己的学习方法，发现了最适合自己的学习姿势。她在课堂上不再像是不安的小猫，而是一个自信且充满活力的学生。她终于找到了自己的学习心流。

小度的进步不仅在我的课堂上得到了体现，在其他学科中也充分显现。她甚至参加了化学竞赛，还取得了不错的名次。

小度渐渐地适应了这样的学习方式，也变得更加自信和独立。上课她总是坐在第一排，认真听讲，不时向我提问。她的成绩也一直稳步提升，班级里的同学都很羡慕她的学习成果。而她妈妈也渐渐地相信这种新的学习方式有效，并且觉得小度变得更加自信和成熟了。

而我并不满足于此，我也在思考，怎样可以让小度百尺竿头，更进一步。不久后，我就找到了方法。

7.4 翻转课堂

一天放学后，我刚走出校门就听到有人喊我，回头一看是小度。她兴奋地向我跑过来，说："老师，老师，我刚刚在自习室解出一道压轴题！"小度说着，便拿出了一张试卷给我看。我看了一眼，果然是一道非常难的导数题，我不由得为她感到惊讶和高兴。

"你怎么解出来的？"我问她。

"我记得你曾经在课上讲过一道类似的题，我把那道题反复地做了很多遍，还把做法和解题思路写在了笔记本上，今天看到这道题，我就联想起来了！"小度得意地说。

我不由得心中一震，这正是我一直希望学生能够做到的。我看着小度的笔记本，上面密密麻麻写满了各种题目的解法和思路，我不由得感叹她的用心和努力。

"你真的很棒！你做到了我一直希望我的学生能够做到的事情。你积少成多，不断地总结和复习，这就是你能够解决这道难题的原因。"我真诚地夸奖她。

小度听了我的夸奖，脸上露出了开心的笑容。她对我说："老师，谢谢你一直以来的帮助和支持，如果没有你的帮助，我可能永远都无法改变我的学习方式。而且我也很感激你不纠结于我的学习态度，这让我很放松。"

我看着小度充满自信的样子，心中感到无比欣慰。这个曾经被学习方式困扰着的孩子，在这样简约的规则下，终于找到了属于她自己的学习方式。我也相信，只要我们将复杂的规则简化，就能让学生进入心流。我问小度："你想不想尝试给同学们讲讲题？"

小度勇敢地答应了，习题课的课堂气氛因为小度的加入变得更加活跃，同时小度也变得更加自信了。她写的文字变得工整了许多，而且讲解的能力越来越好，甚至开始尝试用自己的话来讲解一些更深层次的问题。

讲了几次题后，小度对我说："老师，我发现我讲课的时候，如果能够结合一些有趣的例子或故事来说明，同学们会更容易理解，而我也会更有兴趣讲解。"

我对她表示肯定："非常好，你的发现非常有道理，你讲得越生动，其他同学的理解也就越深刻。同学们不再是被动接受知识，而是主动学习，自主探究，积极思考，这也正是我希望看到的。"

我鼓励她继续尝试，帮助她打造自己的教学风格。我深知，每个学生都有自己的特点和潜力，只有在适当的时候给他们足够的空间和机会，才能真正激发他们的学习热情和潜力。

渐渐地，小度变得越来越自信和积极，她的学习成绩也一路飙升。在期末考试中，她居然取得了全年级前十名的好成绩。

小度的变化不仅表现在学习成绩上，更表现在她的性格和态度上。她不再焦虑和消极，而是变得自信和积极，这种积极的心态也渗透到她的生活中。她开始积极参加学校的各种社团活动，主动结交新朋友，生活变得更加多姿多彩和充实。

小度的转变并不是因为我有多么优秀的教学技能，而是因为我们一起找到了一条适合她的学习路径。我们把复杂的规则简化了，用一种更加有趣和自由的方式来制定学习的标准，让她找到了进入心流的方法，从而取得了不小的进步。这也让我深刻地认识到，教育者的使命不仅是传授知识，更重要的是激发学生的学习热情和潜力，引导他们进入心流。

这个故事可以给予家长们很多启示。第一，孩子的学习态度和学习方法是多样的，不要一味地期望他们都遵循一个标准化的模式。第二，孩子可能会有一些特殊的学习需求，如小度的注意力不集中，需要我们采用不同的方法来帮助他们进入学习状态。第三，家长应该更加关注孩子真正需要掌握的知识和技能，而不是过分强调表面的行为规范。

这也是翻转课堂的主要观点。翻转课堂是一种新型的教学模式，它倡导把学生能够自己学会的内容全部交给学生，由学生自主学习，让学生选择适合自己的方式来学习。同时，老师在课堂上可以更多地关注学生的实际学习效果和存在的问题，给予更为精准和个性化的指导。这种模式可以让学生更好地理解和消化知识，从而更容易在学习中进入心流。

家长可以尝试引导孩子采用翻转课堂的方法进行学习，培养孩子自主学习的能力，从而更好地应对未来的挑战。

7.5 费曼先生的魔力

那是一个普通的周五下午，我讲解了一道函数题后，便问学生们是否有疑问，他们都表示听懂了。

我感到很奇怪，明明这道题并不简单，他们真的已经掌握了吗？

我出题检查他们时，发现他们的成绩并不理想。我感到困惑——为什么他们在课堂上看起来那么自信，但却无法在考试中取得好成绩呢？

为了找到答案，我开始思考如何改进教学方法。在研究了学生们的试卷后，我发现听懂和会做题完全是两个概念。

面对这种情况，应该怎么办呢？

恰巧我无意中了解到了费曼学习法，它一下就解开了我的困惑——教才是最好的学，学生只有能讲明白，才是真的学会了。

于是我开始用费曼学习法教学。我发现，这种方法可以帮助学生更好地理解和掌握知识，而不是仅仅记住公式和算法。

可是接下来我又遇到了一个意想不到的问题。当我测试学生时，发现他们无法清晰地表达自己的思路。这使我感到非常沮丧，因为我认为这是费曼学习法的一个核心目标。

然而，当我询问学生们为什么无法讲清楚解题思路时，他们告诉我，一直以来的学习方式就是为了应对考试。在考试中，他们只需要记住公式和算法，而不需要真正理解和掌握知识。因此，他们不知道如何用自己的语言解释一个问题。

此时我突然想到，我一直把学生们的成绩作为考核的标准，却忽略了他们真正的学习目标——理解和掌握知识。于是我鼓励学生们用自己的语言解释问题，而不是仅记住公式。我发现，当他们开始自主思考并用自己的语言阐述思路时，他们的理解能力和表达能力都得到了很大提升。

在后来的教学过程中我试着改变教学方式，从传授知识到引导学生自主思考和解决问题。我将课程分成小块，让学生自主研究、思考和探索，并鼓励他们进行小组交流和讨论，互相学习和提高。

我还特意设置了一个"讲解者"的环节，每堂课选出一名学生作为讲解者，在班上分享自己的学习经验和解题思路。这样不仅能帮助学生们加深对知识的理解，而且能提高他们的表达能力和自信心。

我发现通过这种方式，学生们的学习兴趣和学习动力得到了极大提升。他们开始更加积极地思考和探索，不再只是为了应付考试而学习。同时，他们的理解和表达能力也得到了明显提升。

随着时间的推移，我发现学生们变得越来越自信，也越来越善于思考和解决问题。他们的表现证明了费曼学习法的有效性，也让我更加坚定了改变教学方式的决心。

通过这段经历，我领悟到了一个道理，即评价一个人的学习成果不能只看分数，更要看他是否真正理解和掌握了知识。我们应该鼓励学生们在学习中注重思考、理解和掌握知识，而不是一味追求高分数，这样才能真正帮助他们进入心流状态，提高学习效果。

费曼学习法最初由诺贝尔物理学奖得主理查德·费曼（Richard Feynman）提出，主要包括四个步骤：简化、教授、检查和复习。首先，学生需要将所学知识简化，并用自己的语言表达出来。然后，学生需要像老师一样，将这些知识传授给其他人，在这个过程中，学生需要注意自己的表达是否清晰明了。接着，学生需要检查自己讲解的知识是否准确无误。最后，学生需要对所学内容进行复习，加深对知识的理解。

通过费曼学习法，学生可以将学习内容用自己的语言进行解释和表达，从而加深对知识的理解和掌握。此外，将知识讲给他人听也可以帮助学生进一步理解和巩固所学内容。这样不断地反复讲解和检查，可以帮助学生进入心流，加深对知识的理解和掌握。

不仅如此，费曼学习法还可以激发学生的学习兴趣和动力。在学习过程中，学生需要主动思考和表达，这种参与感和掌控感可以让学生更加主动地参与学习，提高学习效果和成绩。在这个过程中，学生会逐渐意识到自己掌握的知识越来越多，从而进一步提升学习动力和兴趣。

与此同时，在学习过程中，学生需要不断思考和总结。这种思维训练可以帮助学生培养良好的思维习惯和主动解决问题的能力，为未来的学习和工作打下坚实的基础。

尽管费曼学习法已被证明非常有效，但在学校里创造愿意给其他同学讲题的场域，并不是一件简单的事情。在后文中，我将向大家介绍我是怎样用其他的心流法宝，创造出"费曼场域"的。

7.6 错题本真的重要吗？

这里我们回到前面小度的例子。过去小度为了应付妈妈对她的检查，不得不认真记录错题。她的错题本记得非常好，用了胶带、贴纸、不同颜色的笔，整理得简直像个艺术品。小度也常常会翻阅自己的错题本，但这种学习方法并没有为她带来太多的进步，这让小度感到非常焦虑和沮丧，对学习也逐渐失去了信心。

转机和一个游戏有关，小度喜欢玩《王者荣耀》，但游戏水平并不高。

学校里有一个老师玩这个游戏玩得特别好，他告诉小度，要想在游戏中取得胜利，只需要规划好自己的路线，保持专注，学会基础的几个操作就可以了。小度听完感觉受益匪浅，于是她遵循老师的方法行动，试着按照规划的路线前进，专注于游戏中的每个环节。

小度逐渐开始享受游戏的过程，轻松自如地在游戏世界中穿行。她体验到了心流状态，完全沉浸在游戏中，忘记了周围的一切。这种感觉非常棒，她终于找到了真正让她感到愉悦的方式。

这时老师也觉察到了小度的变化，于是趁热打铁告诉小度："其实学习和玩游戏是一样的。"并让小度自己琢磨两者的联系。

回到寝室后，小度突然意识到自己一直以来都误解了"规则"的含义。她之前一直在关注错题本的记录，认为整理好错题本就是遵守"规则"，可以应付妈妈的检查。但实际上，学习是有基本思维的，如递进思维、并列思维、代数思维、几何思维、数形结合思维。这些思维就像游戏里的基础操作和装备，它们组合形成了不同的题目，错题本因没有解析到自己的思维漏洞而变得毫无意义。小度重新审视自己的学习方式并调整了自己的思路，她明白了，只有真正理解学习的规则，才能找到一条适合自己的学习路径，取得真正的进步。从此以后，小度变得更加自信，她更加专注地学习，用更加有效的方式来检验自己的学习效果。学习和玩游戏是一样的，怎么解题其实和怎么选择装备并没有本质区别。

顿悟了的小度开始在课堂上主动提问，认真听讲，积极思考问题，不再单纯地依赖错题本，而是通过理解出题人的意图，深刻把握解题方法，不断巩固自己的知识体系。她的成绩逐渐提升，受到老师和同学们的认可越来越多。不仅如此，她还变得更加自信和坚定，因为她明白了，只要坚持按照正确的规则学习，就一定能够获得成功。

最终，小度以优异的成绩考上了一所985大学，展开了新的征程。

小度的故事中隐藏了一个心理学的秘密，那就是心流到底是怎样产生的。

有一项关于心流状态的研究表明，音乐家在比赛中更容易进入心流，而这主要是因为比赛中有明确的规则。这项研究由心理学家米哈里·契克森米哈赖（Mihaly Csikszentmihalyi）在20世纪80年代进行，他研究了众多音乐家的表演过程，并通过实地观察和访谈等方式，探究了音乐家在比赛、演奏和练习中心流体验的差异。

那么，为什么比赛中有明确的规则能够促使音乐家进入心流呢？这是否意味着，其他类型的任务也存在着类似的规律和影响因素呢？让我们一起深入探讨这个问题。

当人们面对一个目标不明确的任务时，他们可能会感到焦虑和压力过大，因为他们不知道如何才能完成任务。这种不确定性会阻碍人们进入心流。相反，当任务的目标和规则非常明确时，人们可以更容易地知道自己需要做什么，并且可以避免不必要的焦虑和压力。这种减少压力的效果可以帮助人们更容易地进入心流。

心理学研究已经发现，规则不明确会导致焦虑的产生。一个相关的实验是由杜加（Dugas）等人进行的，他们通过在参与者的生活中增加不确定性和不可预测性来诱发焦虑。在实验中，参与者被要求在一些日常活动中进行选择，其中有一些选项是不确定和不可预测的。研究结果表明，这些不确定和不可预测的选项会导致参与者感到更加焦虑。

杜加等人的实验采用了一种名为"广泛性焦虑障碍量表"的工具测量个体在各种情境中的焦虑水平。该实验招募了125名大学生作为参与者，并将他们随机分为两组。第一组参与者需要在一周内完成一项任务，该任务有详细的规则和说明，可以清楚地指导参与者如何完成；第二组参与者需要在同样的时间内完成一项任务，但是该任务的规则和说明非常模糊和不明确。

结果显示，第二组参与者报告了更多的担心和困扰，说明在不确定的环境中，人们更容易感到焦虑和不安。这个实验的结果支持了规则清晰可以减少焦虑和压力的观点。当人们知道自己的任务和责任时，他们会更有信心和动力去完成任务，而不是感到无所适从和不知所措。

当我们面对模糊不清的任务或缺乏规则的情况时，我们往往会感到焦虑和不安。这种焦虑和不安的感觉可能会影响我们的表现，甚至阻碍我们进入心流。

比如，假设你是一个学生，参加一场写作比赛，比赛的要求是"写一篇关于生活的短文"。这个要求很模糊,你可能不知道该如何下手,甚至要想很久才能动笔。这种不确定性可能会让你感到焦虑和紧张,而无法进入心流。相反,如果比赛要求写一篇关于"你最喜欢的动物"的短文,你可能会更轻松地写出一篇优秀的作品,因为你知道应该写什么内容,以及如何组织你的语言。

又如,假设你是一位销售员,你的工作是销售公司的产品。如果公司没有提供清晰的销售目标或指导方针,你可能会感到不安,因为你不知道该做些什么才能达到预期的销售业绩。这种模糊不清的情况可能会让你感到无助,难以进入心流。相反,如果公司明确规定了销售目标,如每天打300个推销电话,虽然这个工作会让你很痛苦,但你知道自己具体应该做什么。

这些例子表明,明确的规则和指导方针可以减少我们在面对任务时的焦虑和不安,从而有助于我们进入心流,更好地完成任务。

7.7 "善战者"简化规则

那么,比赛中明确的规则是如何促进我们进入心流的呢?米哈里·契克森米哈赖的研究表明,比赛规则可以让音乐家们更清晰地了解自己的目标和任务,从而帮助他们更好地掌控自己的表演。此外,比赛中评委和观众的存在也会给音乐家们带来额外的压力和挑战,从而增加任务的难度和挑战性。

当音乐家们面对比赛规则这种明确的任务目标和挑战时,他们会更加专注和投入,全身心地沉浸在表演中。他们会感到自己的能力和挑战之间达到了一种平衡,这可以让他们体验到高度的满足感和成就感。在这种状态下,时间似乎变得不再重要,音乐家们的感知和行动变得非常流畅和自然,他们似乎已经完全融入音乐之中。

与此相反，音乐家们在练习时由于缺乏明确的任务目标和挑战，他们很难进入心流。他们可能会感到无聊、疲劳和不满足，这会降低他们的表演效果和乐趣。

那么，对于其他类型的任务，是否也存在着类似的规律和影响因素呢？实际上，许多研究表明，在许多不同类型的任务中，明确的任务目标和规则都可以促进人们进入心流。例如，当我们在学习一门新的语言或技能时，如果能够明确知道自己要达到什么样的水平或目标，就会更容易地进入心流。

当然，不同类型的任务和个体差异也会影响心流的产生。对于一些更具创新性和灵活性的任务，明确的规则可能会限制人们的想象力和创意，从而阻碍心流的产生。而对于一些缺乏意义和挑战性的任务，明确的规则也可能不足以让人们进入心流。

根据米哈里·契克森米哈赖的理论，当人们在执行任务时，如果任务目标和规则非常明确，他们会更容易进入心流。这是因为人们在执行任务时，规则明确可以让人们专注于任务本身，而不会分心于其他事物。

那怎样毁掉一个音乐家的演奏呢？

很简单，只要让规则不再明确就可以了。

在音乐表演中，规则可以是演奏的速度、节奏，乐曲的节奏，等等。如果这些规则混乱或不一致，音乐家就会失去心流，从而影响演奏的质量。

例如，一个擅长演奏儿童音乐的音乐家，突然面对一群年龄不明的观众，一定会手忙脚乱，也就很难进入心流。这就是面对不明确的规则导致的发挥失常。

同样，规则不明确或太混乱也会影响学生进入心流，从而影响学习效果。比如在课堂上，老师如果没有明确的教学目标和安排，学生就不知道需要做什么、需要做多久，容易分心和失去注意力，难以专注于学习，进而难以进入心流。而如果学生的学习任务过于单一或过于烦琐，也会让他们难以进入心流。例如，要求学生反复做同样的习题或毫无挑战性的简单任务，容易让学生感到乏味和无聊，难以产生心流的体验。

另外，如果老师在课堂上过度干扰学生，如频繁打断学生思考、反复提醒他们注意某些细节、不断更改课堂规则等，也会分散学生的注意力，导致学生无法集中精力学习，从而影响心流的产生。

因此，老师应该尽量保持任务的稳定性和规律性，并在课堂上提供清晰的指导和规则，以帮助学生进入心流。同时，老师还应该避免过度干扰学生，尽量给予他们自由的思考空间和时间，让他们能够更好地专注于学习。

《孙子兵法》中讲道：善战者，求之于势，不责于人。只有无能的管理者才喜欢眉毛胡子一把抓，因为管不到重点，所以才要管一切。而优秀的管理者会专注于解决真正重要的问题。如果约法三章就能解决问题，那何必给孩子那么大压力呢？

第八章

目标与上瘾：让学习变得有意义

上一章提到了规则简单、清晰的重要性。在本章中，我想进一步强调给孩子的目标还要有趣味性，因为有趣味性的目标可以促进人们进入心流。

8.1 游戏设计师的秘密

在介绍本节内容前，让我先列举几个你习以为常却细思极恐的例子。本书中有一个反复提及的理念，就是家长、老师应该不断地向游戏设计师学习。因为设计师设计游戏，就是为了让人们能够进入心流，甚至可以说，"上瘾"是游戏设计师的目标。

于 2003 年推出的风靡网络的游戏《梦幻西游》就是一个非常好的例子。如果你以一个旁观者的视角看玩家的行为，你会发现这些人难道不是在花钱打工吗？玩家每天上线需要做各种各样的任务，有门派的、帮派的、抓鬼的、寻宝的……但这些任务本质上特别像跑腿儿和送外卖的工作，甚至在任务中还要躲避怪物的攻击。更不可思议的是，做这些任务是有成本的，不仅没有工资，每小时还要给游戏公司付点卡钱。

再举一个有意思的例子，如果你仔细思考高尔夫球的规则，会觉得非常不可思议。如果想把一个白色的小球放进洞里，最简单的方法就是用手拿起它，然后走到洞旁放进去。但是高尔夫球爱好者竟然用一根长长的杆子，用各种姿势把球击入洞口，这不是徒增难度吗？不仅高尔夫球如此，篮球、足球、排球也都是如此。

这是不是很奇妙？从网络游戏到体育运动，这些活动的设计者似乎都在不约而同地做同一件事情，就是通过增加阻碍让活动的难度变高，从而让人们进入心流。

这是因为具有趣味性的规则，可以激发人们挑战目标的兴趣，同时给予他们足够的自由来发挥自己的创造力和想象力。这样的规则还可以鼓励人们尝试新的解决问题的方式，从而提升人们的创造力和学习效果，并帮助他们进入心流。

那么这样的规则可以应用在孩子的教育中吗？当然可以，这也正是本书要讨论的问题。

8.2 "女忍者"的挑战

下面讲一个和"忍术"有关的有趣故事。小忍是我的侄女，十一二岁的年纪，正处在青春期的前期。我哥嫂作为新一代父母，非常注重家庭教育，也鼓励孩子参与家务劳动，但小忍并不愿意做家务。哥嫂便参考了很多教育方法。

（1）从小开始培养：从小开始让孩子参与家务，如整理玩具、叠衣服、清洁桌面等。

（2）给予正面激励：在孩子做好家务时，及时给予表扬和鼓励。

（3）建立家务制度：让孩子知道自己需要承担哪些家务，并分配适当的任务；将家务分为固定和临时两类，固定的家务每周定时完成，而临时的家务则根据需要进行分配。

（4）借助工具：使用适当的工具，如吸尘器和洗碗机，让做家务更加轻松和高效。

（5）以身作则：家长积极参与家务，让孩子看到家务是每个家庭成员都需要参与的事情；在做家务的过程中与孩子互动，让家务变得更有趣和有意义。

（6）适度要求：在培养孩子做家务时，进行适度的督促，和孩子商量家务分配和完成的时间，但也要注意不要过于苛刻和强制。

其实不能说以上方法没有用，我哥嫂也是这样照做的，但是效果并不好。

哥哥知道我一直是"孩子王",于是就问我有什么办法。我就趁着去他们家做客的时候,秀了一把"心流教育法"。

我叫来小忍,开口说道:"小忍,出大事了,地球危险了。"

小忍本来吵着要看电视,一下来了兴趣,脸上写满了期待和好奇,问我:"什么灾难?"

"外星人要进攻我们了,可是我们的元帅还不知道这个消息,怎么办?"我见小忍来了兴趣,继续说道。

小忍的好奇心被勾起,半信半疑地问:"我们就没有元帅的联系方式吗?"

"还真有一个。"我看着小忍脸上的疑惑,故作严肃地说,"外星人已经用高科技监控了我们所有的电子通信设备,只有用一个办法把消息传给元帅,才能不打草惊蛇。"

我故意顿了顿,把关子卖足,才继续讲道:"需要我们把消息装到垃圾袋里,然后扔进垃圾站左数第三个垃圾箱里。但是切记,路上需要躲避所有的监控摄像头。"说完,我递给她一张纸条。

听到这里,小忍已经明白过来了:"哈哈,叔叔你净拿我寻开心,原来是想骗我去扔垃圾,我才不上你的当。"

我说:"你不妨把这当成一个游戏,游戏都是有背景设定的,就像你平时玩的《奇迹暖暖》和《赛尔号》也是有故事背景的。咱们这个游戏就叫《女忍者》,我还真就不信你能躲得掉所有摄像头。"

小忍被我一激将,噌的一下就站起来了,拿起垃圾袋,披上外套就下楼了,我赶紧跟在后面,追了出去。

只见小忍蹑手蹑脚地推开单元门,探出她的小脑袋,检查小区里哪里有摄像头,我猜她一定在心里默默规划路线,并且懊悔平时没有留心。而她甚至为了躲避小区里的摄像头,故意绕了一段路,我跟在她后面,检验她的"游戏"过程。

终于,小忍在经历了一番"艰辛跋涉"后,将"消息"放进了垃圾站左数第三个垃圾箱,完成了任务。我连忙撕下一页纸,写上"隐身卡"3个字,递给小忍,告诉她:"这是忍者任务的奖励,它的作用是隐身一分钟,如果你使用了隐身卡,一分钟之内我就看不到你了!"

小忍兴奋极了,迫不及待地想试试隐身卡的功效,我也嘱咐哥嫂一定要配合"游戏"规则,只见小忍拿出手机玩了起来,而我哥的童心也被唤起,默契地问:"咦,手机怎么飘在空中了。"

一分钟很快过去了,但是我却从小忍的眼中读出了对忍术的期待,那就趁热打铁。我告诉她,《女忍者》这个游戏不仅有隐身术,还有瞬身术、克敌制胜术,都可以通过做不同的任务获得卡片。

比如想得到瞬身术卡片,她需要在单脚站立的前提下,拖完客厅的地板。使用卡片可以把父母定住,等她移动到自己想去的位置再解定。

而得到克敌制胜术卡片则需要她在家里发现并解决一个具体的问题,比如垃圾桶满了,洗碗机出问题了,等等。这个任务需要她根据实际情况和规则制定出最佳的解决方案,并在时间和精力允许的情况下尽快解决问题。我告诉她,使用克敌制胜术的时候,你就可以从愿望清单里任选一项,让父母满足你。

这不仅是一种锻炼,更是一种游戏。她可以想象自己是一个忍者,在执行任务时需要谨慎行动,避免被"摄像头"发现。同时,她需要将任务看作一场挑战,尝试用不同的方法,提高自己的成功率和效率,从而进入心流。

小忍很快就喜欢上了这个游戏。每当她完成一项家务,都会兴奋地跑来和我分享她的"战斗经历"。她越来越擅长解决各种家务问题,也越来越容易进入心流。游戏慢慢从家务扩展到了学习,整个家庭生活变得更加和谐和有趣。

通过这个例子我们可以看到,当规则的趣味性更强时,孩子更容易进入心流。你可以仔细分析一下,这几个"忍术"把家务变得更简单了吗?不仅没有,反而变得更难了,但是却让小忍有了参与的乐趣。

无论教育专家说得多么天花乱坠,这个世界上,恐怕也很少有孩子愿意做家务。每当家长让孩子去扫地、洗碗、洗衣服时,他们总会先抱怨,然后拖拖拉拉,直到最后才动手干活。这样的过程不仅浪费了时间,还会让家长烦躁不安。

但是如果我们能用心流学习法把家务变成一种游戏或一种能够挑战自我的活动,它就会变得好玩起来。

这就是心流的魔力。有趣的规则可以帮助孩子建立积极的心态,让家务变得更加有趣和有意义。

那如何把这个方法用到孩子的学习中呢?下面介绍一个我在教学中的亲身经历。

8.3 地球保卫战

在我的教育生涯中,大约有 3 年的时间我是在学校住的,除了和几百个孩子在一起,我绝大部分的时间都在思考如何让他们喜欢上学习。有一天,我在教室里看到了一个小女孩,她一个人在角落里低头看书,好像完全没有被周围的喧闹打扰。我好奇地走了过去,发现她在看刘慈欣的短篇小说集,其中有一篇就是《乡村教师》,我也是刘慈欣的书迷,这本书我早就看过。既然这是一个和刘慈欣有关的故事,那就叫这个女孩小欣吧。

"这本小说集中你最喜欢哪一篇?我最喜欢《乡村教师》。"我问小欣。

"老师,我也最喜欢这一篇。"她轻轻合上书,伸了个懒腰说,"一个简单的牛顿定律，居然能被他想得那么有趣，被设定成了宇宙中高等文明检验其他星球文明的工具；一个病重的乡村教师，强迫孩子们背下来的牛顿定律，最后竟然成了拯救地球的法宝。刘慈欣真是太有想象力了。"

"是吗？那么，你觉得我们学校的物理课有意思吗？"我问她。

她皱了皱眉头说："老师，实话告诉你，不如读小说有意思。"

我点了点头，说："那是肯定的，毕竟读小说是最容易让人进入心流的活动。创作者是时间的魔术师，他唯一重要而艰巨的任务就是让读者在阅读故事的过程中忘记时间的流逝。但是，你知道吗，我们也可以让学习变得有意思。"

"怎么做呢？"她好奇地问。

我想了一会儿，说："我们可以以刘慈欣小说中的故事为灵感，把学习物理作为一项拯救地球的任务。"

她睁大了眼睛："任务？拯救地球？"

"是的，就像刘慈欣设定的故事一样，我们也可以将文明分成不同的等级。我们可以把整个高中物理按照 3C 到 5B 分级，掌握了牛顿定律，你就是 3C 级文明，而地球最终的文明等级是 5B 级。如果我们班可以打通关，就可以避免地球被'奇点炸弹'摧毁。"

"哈哈哈！老师，你好'中二'啊，不过听起来很有意思！"她兴奋地说。

"是啊，学习不应该是一件无聊的事情，我们应该用更加有意思的方式来让学习变得更有意义。你可以想象一下，当你掌握了物理知识，你就可以拯救地球，就像《乡村教师》里的孩子们一样。"

小欣眨了眨眼睛，仿佛看到了未来，说："我会好好学习物理，成为一名拯救地球的英雄！"

这一天，我请学生们都阅读了刘慈欣的这篇短篇小说，并把"任务"

设定成了我们学习的主题,让学生们用他们所学的知识去完成各种任务。他们像游戏中的主角一样,探索知识的世界,寻找答案,解决难题。学生们的反响不错,但我总觉得还差了点什么——没错,就是小欣说的那句话,太"中二"了,很难让学生们入戏。

不过天助我也,学校这天恰好停电了。

看到学生们有些惊慌失措,我意识到机会来了,今天的任务就是"在黑暗中寻找出路"。

我们在黑暗的教室里借助手电筒的光学习了法拉第的电磁感应定律和发电机的制作。我向他们发出灵魂拷问:"如果世界文明倒退几百年,电消失了,你们能拯救世界吗?"学生们怔住了,我继续说,"学习的目的不仅是应付考试,更是帮助我们更好地理解这个世界。我读过一本很有趣的小说叫《临高启明》,它讲述了100个理科生穿越到明朝的海南临高,用他们掌握的知识进行工业革命的故事。那我也想问问你们,如果人类文明损毁了,或者你们穿越了,你们能创造历史吗?"

或许是这次停电事件让学生们有了身临其境的感受,学生们的状态完全变了,我能看见他们身上出现的责任感。而恰在此时,来电了。

教室很快又明亮了起来。我们在这个场景下,重新做了一套电磁感应和欧姆定律的经典例题,学生们纷纷表示这些物理学家实在是伟大。而这样的认知,让他们感受到了自己学习的意义。

这次事件之后,他们理解了"地球保卫战"的意义,发誓要把地球的文明从"3C级"提升到"5B级",他们的眼神中透着渴望和好奇。他们主动学习知识,寻找答案,想方设法地解决每一个难题。我也建议其他老师们不要机械式地讲解题目,而是要讲明题目背后的原理的实际应用。

在数学课上,老师把任务设定为寻找数学世界中的秘密,将课堂变成了一段数学宝藏的探索之旅。每个小组都要完成不同的数学题目,找到答案的同时还要解开谜题，最终抵达宝藏所在的地方。

在生物课上，老师让学生们寻找自然界中的生命之谜。他们需要在课堂上收集资料，观察实验，并用他们掌握的知识去解释所看到的现象。

在历史课上，老师让学生们探索历史的秘密。他们需要了解历史背景，研究历史文献，并用自己的语言讲述重要的历史事件。最终，他们需要通过小组辩论的形式解决历史上的某一个难题。

在语文课上，老师让学生们寻找文字背后的故事。他们需要通过阅读文学作品，理解作者的意图，并用自己的语言表达。最终，他们需要把这个故事以戏剧的形式呈现出来。

在一个个主题任务下，我看到了学生们的变化。他们不再把学习看成一项乏味的任务，而是看成了一次次刺激的冒险。他们变得更加积极和自信，也更加善于合作和思考。在这样的学习氛围下，他们的成绩也有了明显的进步。

8.4 游戏与刺激课堂

掌控时间是心流魔术师最大的目标，时间同时也是心流魔术师最好的工具。在这里我请读者一定要玩两个游戏，一个是《俄罗斯方块》，另一个是《黄金矿工》，这两个游戏都是利用时间规则把玩家"逼"进心流的。如果你玩过这两个游戏，那么你将对接下来的内容有更深刻的体会。下面我先介绍一下这两个游戏。

《俄罗斯方块》是一款曾经风靡全球的经典游戏。它的游戏规则是，当游戏开始时，玩家需要控制下落的方块并将其放置在正确的位置，以构成一条完整的水平线。这些方块会以逐渐加快的速度向下落。这个游戏的重要特点就是时间规则。随着时间的推移，方块下落的速度越来越快。在这种情况下，玩家需要在有限的时间内做出正确的判断和决策，以保持游戏的进行，并最终获得高分。

当玩家掌握了游戏的基本规则并开始适应加速的节奏时，他们便进入了心流。在这种状态下，玩家的判断和反应时间变得更短，准确性也变得更高，这使得他们能够更加自信地挑战游戏；他们全身心地沉浸在游戏中，忘却时间的流逝，尽情享受这个游戏带来的乐趣。

但是，这种心流状态并不容易达到。如果方块下落速度过快，玩家可能因为无法及时做出决策，导致游戏失败，从而失去体验心流的机会。反之，如果方块下落速度过慢，玩家可能会感到无聊和乏味，无法体验到心流状态。

因此，游戏设计师必须掌握时间规则的平衡，使游戏既具有挑战性又不会让玩家感到压力太大。这可以使玩家有机会体验心流状态，并保持对游戏的兴趣。这种时间规则在许多其他游戏中也存在，如打击乐器游戏中的速度变化，赛车游戏中的速度变化等。

《黄金矿工》是一款经典的休闲游戏。我们可以称之为"交卷之前得到最高分"。游戏的右上角始终有一个倒计时，逼迫你在"考试"时间结束之前，获得最多的黄金。

在游戏中，玩家需要控制一位挖掘工人，利用他的钩子挖掘金矿和其他宝藏。游戏的主要目标是尽可能多地挖掘黄金和其他宝藏，并在规定时间内获得最高分数。

这个游戏的乐趣在于它操作简单和直观。玩家只需要控制钩子的移动和下落，同时观察黄金和其他宝藏的位置和价值。游戏节奏明快，让玩家感觉轻松愉快，同时也能享受到完成挖掘目标后的成就感。

与《俄罗斯方块》类似，《黄金矿工》的时间规则也非常重要。在游戏中，玩家必须在规定的时间内尽可能多地挖掘黄金和其他宝藏，否则游戏就会结束。这个时间限制是非常关键的，因为它激发了玩家的竞争意识和挑战精神，让他们不断尝试获得更高的分数。

在游戏的前期，玩家需要花费一些时间来熟悉游戏规则和掌握挖掘技巧。随着游戏的进行，玩家会逐渐进入心流，感受到挖掘的快感和成就感。时间限制可以让玩家更加专注，从而更容易进入心流，并感受到游戏带来的乐趣和满足感。

有了游戏给我的启示，我开始在教学实践中探索怎样缩短时间规则的反馈速度，让全班的学生都有机会进入心流。

我教授的课程是高中数学。习题讲解是我们学校的传统教学方式，老师在课堂上讲解，学生们在课后自主完成习题。然而，这种传统教学方式往往会让学生们感到枯燥乏味，缺乏动力和兴趣，导致心流体验难以实现。

为了解决这个问题，我决定采用一种全新的教学方式，那就是利用时间规则激发学生们的学习兴趣和动力。具体而言，就是在每节习题课中安排 20 道题目，然后在上课之前向学生们宣布一些要求和规则。首先，我会规定每个学生必须在规定的时间内完成所有的习题，而这个时间则是由我提前规划好的，通常为 40～50 分钟。其次，我会告诉学生们，他们可以在完成习题后拿上讲台给我看，我会立即给予反馈。最后，我会设置一些奖励措施。例如，前 25% 做完的学生可以根据速度得到一个分数，总分大于 200 分的学生，就可以免做当天的作业。

在习题课结束后，我会为每位学生进行简单的反馈和点评，这样可以帮助学生更好地了解自己的学习状态和进度，同时也可以激励他们继续努力学习。

在这种环境下，学生们可以保持高度集中的学习状态，并在限定的时间内迅速解决问题。同时，由于奖励的设计，学生们也会对自己的学习进度产生更多的关注，这对于提升他们的学习效果有很大的帮助。

我记得有一次我刚布置完题目，一个学生就开始解题。他做得非常专注，仅仅用了几分钟就解决了第一道题，接着又迅速解决了其他题目，最终在前 25% 的学生中获得了高分。这个学生之前在学习上一直表现得不太出色，但是在这堂课上，他展现了出色的学习能力和解决问题的能力，也得到了其他学生的认可和赞扬，这让他更加自信和积极地面对学习中的挑战。

除了学生们表现得不同以往，我也能够感受到课堂的氛围变得更加积极和活跃。学生们互相激励，鼓励对方尽快完成题目，同时也为了获得高分和奖励展开合理的竞争。他们之间的竞争和合作让课堂变得更加有趣，同时也带来了更好的学习效果。

时间规则可以让学生们更加高效地学习，同时也可以激发学生们的竞争和合作精神。在这个案例中，通过对时间规则的灵活运用，我成功地营造出了一个有利于学生学习和成长的环境。这个案例也让我更加深刻地认识到，教育不仅是知识的传授，更是对学生全方面发展的引导和培养。

这是因为时间规则是心流体验中非常重要的因素之一。有限的时间可以激发人们的专注力和竞争意识，使人们更容易进入心流。

时间规则通常涉及任务的时间限制，即规定在一定时间内完成某项任务。这种规则会让人们更加专注和高效地工作，因为他们需要尽可能地充分利用时间来完成任务。这种规则还会增强人们的挑战感和兴奋感，因为他们需要在有限的时间内完成任务，并且可以尝试挑战自己的速度和准确性。

此外，时间规则还可以帮助人们避免无意义地浪费时间，从而提高效率和减少压力。当人们知道自己必须在一定时间内完成任务时，他们通常会更加专注于任务，减少分散注意力的因素，从而更容易进入心流。

读到这里你可能觉得奇怪，那为什么在有严格时间限制的考场上，会有人睡着呢？

其实考试对于绝大多数学生来说，都是无法进入心流的心灵伤害。考试与《俄罗斯方块》最大的区别就在于它将时间切分得太长了，《俄罗斯方块》绝不让你忍耐超过 1 分钟的时间。

但学生们大多不会切分自己的考试时间。在考试中，他们就像在玩一个 100 米高的《俄罗斯方块》，当然无法进入心流。

另外，考试的反馈周期较长。一般来说，老师需要花费较长的时间来批改试卷，学生们需要等待几个小时甚至更长时间才能得到反馈。这种延迟反馈可能会使学生们难以及时纠正自己的错误，从而导致他们在未来的学习中再次犯错。如果你今天在《俄罗斯方块》中操作了一个方块下落，3 天之后才能知道是否成功，你还愿意玩这个游戏吗？

为了克服这些问题，家长和老师可以尝试设置其他时间规则，比如在短时间内解决一道难题或完成一个项目，以鼓励学生快速思考和行动，并及时给予他们反馈。而"刺激课堂"的免作业挑战就完美解决了时间切分过长和反馈周期过长的问题。

8.5 棒棒贴

如果实现目标可以带来优越感，那么这样的教育设计同样可以激发心流体验，这类规则通常与比较、排名等相关。例如，在学习中，班级里有些学生成绩比其他学生好很多，他们在学习过程中会获得一种优越感，这种优越感会激发他们的自信心和动力，让他们更加努力学习。另外，许多游戏也采用排行榜、等级制度等规则激发玩家的优越感，鼓励他们参与和投入。

还是那句老话，当我们在教育孩子的时候，一定要多向游戏、运动、电影、小说学习，因为它们生来就是为了把人留在心流通道里的。

以游戏《王者荣耀》为例，它的成功就与巧妙地运用优越感设计密不可分。接下来，我们一起来分析它是怎么利用优越感一步步让玩家进入心流，让你的孩子"着魔"的。

首先，皮肤是《王者荣耀》最为明显的优越感设计之一。皮肤是游戏中的装饰品，不仅可以让玩家的角色外观更加华丽，也可以为玩家带来额外的属性加成和技能效果。很多皮肤都是限定版或特别版，只有在特定时间内或特定活动中才能获得。这种稀有性让玩家一旦拥有了这些皮肤，就会感到自己与其他玩家的差异，从而产生一种优越感。

其次，天梯和排名系统也是《王者荣耀》中非常重要的优越感设计。天梯是玩家们进行竞技比赛的地方，而排名系统则是一个根据玩家战斗的胜利次数、胜率、击杀数等多项因素进行排名的机制。通过这两个系统，玩家可以比较自己和其他玩家的实力，不断地挑战自己的极限，以获得更高的排名和更高的声望。同时，排名系统还会赋予玩家们不同的称号和奖励，进一步增强他们的优越感。

最后，《王者荣耀》还通过各种活动和福利，让玩家们获得更多的游戏资源和奖励，进一步增强他们的优越感。例如，每天登录游戏可以领取签到奖励，完成每周任务还可以获得丰厚的奖励。玩家们还可以参加各种节日活动、周年庆典等，获得限定皮肤、称号和其他特别的奖励。这些活动和福利都会让玩家感到自己比其他玩家更加优越。

《王者荣耀》正是通过各种方式，不断地为玩家们创造优越感，让他们在游戏中感到更加自信和满足，从而更容易进入心流。

那优越感设计在教育工作中有哪些应用呢？我有一个学员是幼儿园园长，在与她的员工交流的时候，我了解到了一个很好的案例。

幼儿园里有一位聪明的老师叫小杨，她热爱教育工作，也非常懂得如何用各种方法让孩子们喜欢学习，其中一个非常受孩子们欢迎的方法就是

"棒棒贴"。

棒棒贴是一种特殊的贴纸,每个贴纸上都有一个图案和一个编号。小杨老师准备了很多不同的贴纸,每个孩子都有一个专属的贴纸册,里面按照不同的主题排列着很多编号。比如一个主题是"水果",编号 $1\sim10$,每个编号对应着一个水果的图案,如苹果、香蕉、橙子等。孩子们可以通过完成老师布置的任务,获取相应的图案和编号的棒棒贴,贴在自己的贴纸册上,慢慢地填满整个贴纸册。

小杨老师非常巧妙地利用了孩子们喜欢游戏和收集的心理,设计了不同的任务,如完成画画、拼图、认字、认数、运动等。每完成一个任务,孩子们就可以获得相应的图案和编号的棒棒贴。这不仅让孩子们学会了很多新知识,还让他们乐此不疲地完成任务,为了能够获得更多的棒棒贴而努力。

小杨老师设置了一些特别的棒棒贴,如"奖励贴""合作贴""超级贴"等。这些贴纸不仅可以让孩子们得到额外的奖励,还可以激励他们之间的合作和互动。例如,在小组比赛中,每个小组成员都要完成一个任务,只有当所有小组成员完成任务后,才能获得一个合作贴。这样,孩子们不仅要为了自己的棒棒贴而努力,还要为了小组的荣誉而共同奋斗,这种积极合作的氛围会让孩子们更加开心和愉快。

又如孩子们需要一起完成整理教室、打扫卫生等"超级任务"。任务完成后,所有孩子都可以获得一个超级贴。这种任务不仅锻炼了孩子们的合作能力,还让他们感受到了自己的努力所带来的成果和荣誉感,进而更加积极地参与到活动中。

此外,小杨老师还鼓励孩子们用棒棒贴记录自己的成长历程,如学会写自己的名字、认识颜色、掌握某种技能等。孩子们可以把自己的成长历程贴在贴纸册上,每一次的进步都会得到老师的表扬和鼓励。这样的做法不仅能够让孩子们更好地记录自己的成长过程，同时也激发了他们的自信心和成就感。

小杨老师巧妙运用棒棒贴，不仅激发了孩子们的学习兴趣和自信心，同时也促进了他们之间的交流和合作，让整个班级更加活跃和温馨。

第四篇

数学墙：清晰的路径引导心流

当我们有了前两件法宝——自发的愿望和规则与目标，我们就很容易让孩子坐在书桌前，开始心流学习的初体验，但问题也往往出现在这里。

我们有很多方法可以让孩子萌生发奋的愿望，譬如参加一个"打鸡血"的夏令营，但为什么这些方法的效果不长久呢？

一方面，这些方法并没有顺应孩子的"日月星属性"，另一方面，孩子只是想上清华、北大，想拿到那张录取通知书，但他们对获得录取通知书的过程一无所知。因此，我们又可以向我们最好的老师游戏设计师学习了。

设计优秀的游戏，一般会有清晰的地图系统、技能树和怪物图鉴等修炼路径。这些东西也是游戏设计师让玩家快速进入心流的法宝。反观我们教育工作者设计的练习册，虽然也整理了大量的思维导图，但大多是为了整理而整理，机械式地罗列知识，而游戏设计师则是为了让玩家上瘾而整理。

初衷出错，结果就会有天壤之别。第三件法宝会分为低、中、高3个分段为你介绍，如何使用清晰的路径来引导孩子们进入心流。记住我们的唯一追求：让孩子们沉浸在学习的快乐中，进而忘记时间的流逝。

> 第九章

空壶烧水：从 300+ 到 400+

空壶烧水是美籍匈牙利数学家乔治·波利亚（George Polya）举的一个浅显的例子，展示了最适合低分段孩子快速提分，快速进入心流的学习方式。

很多学习的问题并不是出在孩子身上，而是出在了教育者身上，如果一个孩子什么都不会，那么除了其学习方法存在的问题，一定还有更深层次的问题等待我们去发现。本章会用一个真实的案例，讲述空壶烧水学习法如何实操。

9.1 公子哥的劣迹

我教过的所有学生里，因为"奇葩"而给我留下印象最深的非小胡莫属。

小胡的父母托人找到我给他突击学习。第一次见面，小胡完全是一幅富家公子哥的派头，头发烫着造型，拿着最新款的苹果手机，从上到下的一身行头价格大约5位数。这样的孩子我见得并不少，有的时候为了跟他们有共同话题，我也会买几双很贵的球鞋穿。

在我们熟悉了之后，有一次小胡神神秘秘地凑过来对我说："老师你信不信，我交往过的女孩数量比你的年龄都大？"

纵使我见过的"纨绔子弟"不少，但这句话仍然让我大吃一惊。

小胡这种行为本身并没有那么可怕，可怕的是他以这样的行为为荣。由此可见，他所在的学校和班级里，学生们认为谁谈恋爱的次数多，谁就更受欢迎。小胡也正是在这样扭曲的价值观的影响下，才会觉得自己交往过多个女孩是一件值得炫耀的事情。于是我控制住自己的愤怒问小胡："难道你希望我表扬你吗？" 小胡听出了我语气中的不悦，没有再接话，我们也就没有继续聊这个话题。

我常说一等的学校以学习和求知为荣，二等的学校以打篮球厉害、家里有钱、有号召力为荣。而小胡接受的价值观是以打架厉害为荣，以谈恋爱多为荣。我们的教育工作其实应当围绕着正确的价值观设计出各种各样的活动，潜移默化地影响孩子。

那我是怎么让一个拥有这样的价值观的孩子爱上学习的呢？

9.2 教育者的时机

教育是需要抓住时机的，这个时机不取决于教育者，而取决于孩子。当他能被你打动的时候，就是你教育他的最好时机；当他的三观能被你影响的时候，就是你教育他的最好时机；当他通过你有了切身体会的时候，就是你教育他的最好时机。

在时机不成熟的时候强行输出价值观，会引起孩子强烈的逆反心理。举一个简单的例子，你在饭桌上教育孩子要珍惜粮食，就远不如带他下乡，让他看看农民伯伯在烈日下劳作的场景，这时你其实不需要说什么，他就能切身体会到粮食的来之不易。

同样的道理，如果没有恰当的时机，我无论怎么跟小胡说要以勤奋学习为荣，而不要以谈恋爱多为荣，他都不会认同。

不久之后，我等到了我需要的时机——一个树立勤奋、好学、求知的积极价值观的时机。

当时是冬天，我也刚创业不久，早上6点就要上早自习，有时候晚上讲题要讲到半夜，于是我就住在教室隔壁的一个小仓库里，北方的冬天非常冷，而小仓库里没有暖气。

我在床头放了一包湿巾，小胡看到了，便问我："这盒湿巾是干什么用的？"

我说："晚上给你们讲完题太累了，没有力气洗脚，就用湿巾擦擦脚。"

本来解释到这里就够了，但我意识到这是一个教育小胡的好机会，于是我继续说："冬天真的太冷了，用湿巾擦脚就跟用冰块擦一样，但我觉得节省出来的这半个小时对我来说很珍贵。我的精力更充沛一点，就可以给你们多讲几道题，也许你们高考就可以多考几分，有了多的这几分就能上一个更好的学校，从此命运也就不同了。"

小胡听完我的话愣住了，问："老师，我能摸摸这个湿巾吗？"说完，就把手伸了过来。

当小胡感受到湿巾的冰冷时，他的身体瞬间变得僵硬，仿佛被一股寒流笼罩。这种冰冷的感觉让小胡的情绪也受到了影响，他原本嘻嘻哈哈的语气变得低沉，眼神也变得有些黯淡。

我知道我的教育起作用了。好的教育应该是调动孩子全方位的感受，而不是一句苍白的"好好学习"。湿巾的冰冷深深打动了小胡，当时这个玩世不恭的富家公子哥，竟然被感动得哭了出来。

就在这无声的交锋中，以学习为荣、以奋斗为荣的价值观，逐渐在小胡的认知中建立了起来。

不过这只是难题的开始。

9.3 先"跑"起来再说

接下来的难题就是小胡的数学基础非常差。给我印象最深的是已经高三的他居然连分数加减法都不会算。

计算 $3/5 - 1/2$，他居然不会通分，直接用分子减去分子，分母减去分母，得出了 $2/3$。

家长常常会陷入一个误区——孩子不学习，是因为他没有拼劲儿，不想努力。然而事实并非如此，你进不了名校，难道是因为不喜欢吗？名校谁会不喜欢？关键是到底要怎样进入名校。

很多教育者没有搞清楚问题的实质，导致孩子陷入一个糟糕的恶性循环中。家长和老师都希望帮助孩子找到动力，于是带孩子去夏令营，带孩子和优秀的哥哥姐姐交流，给孩子看励志电影。这些手段固然能在一定程度上激发孩子的动力，但真正需要将动力转化为实际行动的时候，却又变成了空中楼阁。反复几次之后，孩子自然就倦怠了。

大部分教育者的误区就在于总是希望能找到一种一劳永逸的方法，认为一旦帮孩子构建了内驱力，孩子的成绩马上就能变好。所以很多时候教育者的预期会和孩子的学习表现存在偏差。

教育者最重要的目标是帮助孩子进入心流，因此面对难度超过自身能力太多的题目，孩子是无法进入心流的。就像第一次玩游戏直接选择困难模式，一定是玩不下去的。如果孩子连分数加减法都不会计算，那教他更复杂的题目就没有任何意义了。

这个时候继续"死磕"孩子的内驱力所带来的收益，远不如先帮助他做对人生的第一道题。就像想学会游泳，就要先浮起来。在教育学里，我们称之为最小可执行单元。

进入心流的正确步骤是先让项目"跑"起来，所以对小胡的教育来说正确的步骤是，先让他感受到自己可以解决简单的问题，再让他解决更复杂的问题；而错误的步骤是，无视他真正的能力，依旧教他复杂的知识。这样做的结果就是无论老师和学生花了多少时间和精力，都无法真正体现在卷面成绩上。试想一个基础极其薄弱，可能只有 200～300 分（满分 750 分）水平的孩子，怎么可能承受得了这种挫败感，怎么可能忍受得了这么长时间的等待。

人需要有即时可行的步骤及清晰的目标才可以获得强大的动力，而毫无章法的行动就像蒙住眼睛走迷宫，只会给人带来无际的迷茫和深深的挫败感。

于是我给小胡讲了空壶烧水的故事。

9.4 空壶烧水的魔力

我问小胡:"假如给你三件东西——一个煤气灶、一个空壶和一个水龙头,现在要烧一满壶开水,你会怎么做?"

小胡说:"用空壶在水龙头下接满水,将壶放在煤气灶上,点燃煤气灶,烧开这壶水。"

"很对!"我点头赞许,并追问,"那么现在将空壶换成装有半壶水的壶,该怎样烧一满壶开水?"

小胡回答:"把装有半壶水的壶放到水龙头下接满水,然后放到煤气灶上,点燃煤气灶烧水。"

我告诉他:"这个回答是正确的,但是这样做只够你学会烧开水,另一个回答可以让你考上一本。"看着小胡充满好奇的眼睛,我不再卖关子,说:"美籍匈牙利数学家乔治·波利亚把这个问题解释得特别简单,他说一个数学家会将壶中的水全部倒空,然后按照空壶的操作再做一次。"

小胡问:"这和考上一本有什么关系?"

我告诉他:"考试的本质就是复原母题。在平时的练习里,你会学到一些母题,但考试的时候你会发现题目是千变万化的。这些千变万化的题目大多时候就相当于老师给你的壶里装了半壶水,你要做的并不是找到新方法把题目解开,而是把题目复原成母题,然后走一遍流程就可以得分了。"

小胡听懂了:"我学习的是空壶烧水,而考试的时候可能不给空壶,而是给我装有水的壶,我先把它变成空壶,再按照空壶烧水的方法操作,对吗?"

我点点头，满意地看着小胡，继续说："考试的时候，可能不是给你一个装有水的壶，而是给你一个装有苹果的壶、一个装有毒药的壶或一个破了洞的壶。但无论这个壶是什么样子的，你只需要把它复原成你平时见到的那个空壶，问题就可以解决了。"

小胡似乎有了信心，于是我拿出一道真题，让他试试将其变回母题。当他成功做出来的时候，他激动地说："这么多年，我终于知道学习到底是学什么了。"在我鼓励的眼神下，他继续说："套模板。"

把小胡的学习信心建立起来之后，我继续利用空壶烧水的方法来帮助他提升学习效果。

9.5 开卷考试最有效

最小可执行单元、空壶烧水都指向一个东西，那就是正确的学习路径。这里请读者与我做一个互动，从以下两个选项中选出从不及格的 80 分快速提高到 130 分的捷径。

A. 要求自己每次考试都提高 10 分，逐步提高到 130 分。

B. 做题的时候，在旁边准备好参考书和公式手册，先在开卷（只找母题，不抄答案）的情况下，用 n 倍的时间把一张试卷做到 130 分，然后利用参考书和公式手册逐步达到熟能生巧的程度。

正确的答案应该是 B。我把它称为开卷考试法。对于小胡这样的学生来说，最难的事情不是提高成绩，而是让他知道自己是有可能成功的。而参考书就给了他做题的时候充分寻找同类题的机会，他可以找到一个又一个"空壶"。

如果一场考试的时间是 2 小时，哪怕他用了 50 小时才完成一次"空壶烧水"，但对他来说，这让他看见了"知识地图"的全貌，他将不再感到迷茫。

这个从做不到变成不熟练的跨越，会很快地把学生拉入心流，因为心流的重要因素就是可完成的目标。

我给班上的学生讲完这个方法后，大家都十分兴奋。我发下了两张试卷，要求他们用开卷考试法把试卷做到满分，当天学生们的学习效率高得惊人。有人放了学都不愿意走，希望能从手里的《必刷题》中找到可以转化的母题。

小胡做得尤其认真。他本来就是个不服输的小孩，当我给他指出一条清晰的学习路径之后，他就可以坚定地走下去了。

最后小胡从当初入学的200多分考上了一个一本大学的王牌专业。他之所以能在后期的复习中持续用功，就是因为他进入了心流。

但小胡之所以能够取得这么大的进步，靠的不仅仅是空壶烧水学习法这个入门级工具，其他秘密武器我会在下一章为你揭示。

第十章
数学墙：从 400+ 到 500+

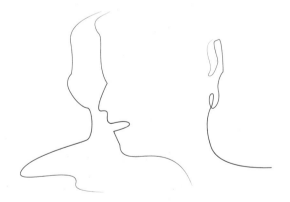

计算机界常把一句话挂在嘴边——不要重复发明轮子，意思是不要浪费时间和精力去重新创造已经存在的事物或解决方案。它强调利用已有的知识、经验或工具来避免不必要的重复努力。这句话适用于各种情境，特别是在创新或解决问题的过程中。它提醒人们要充分利用已有的资源和成果，避免从零开始重新做已经有人成功完成的工作。同样，对于"差生"来说，最重要的就是让他们认识到考试所考的东西，都只是在调用他们已有的知识。

在他们认识到这一点之后，老师最需要做的便是提供所有题型的模板，我把这些模板写满了一整面墙，这就是本章将要讲到的"数学墙"。

10.1 一丝不苟的笔记

如果单纯讲学习态度的话，我教过的所有孩子中没有几个人比得上小蔷。

时隔多年，她依然令我印象深刻。

她的笔记实在是记得太好了。和前文中小度的故事类似，小蔷不仅会把老师讲的每一个知识点和例题都整理在笔记本上，还会用各种颜色的圆珠笔、荧光笔进行标记以区分不同的类型。

她的笔记记得比老师的教案都细致。可以说，考 600 多分的孩子都没有小蔷的笔记记得好，但是小蔷的考试成绩只有 400 分。

我一直为这件事情非常头痛，假如她是一个调皮捣蛋的孩子，考得不好还符合常理，但她是一个特别勤奋的孩子，考不好不仅她抓狂，我也抓狂。

我一度认为小蔷是不是因为谈恋爱、玩手机或玩游戏分心了，可是都不是，她几乎把所有时间都用在学习上了，不然也不能解释她的笔记为什么记得那么好。

有一件事情，让我 100% 确信了小蔷没有"摸鱼"。

一次午餐时间，我提前回了教室，当我推开教室门的那一瞬间，看到阳光透过窗户洒进来，让教室内的一切显得格外明亮。但是在明亮的教室中，我听到了微弱的啜泣声。

我走到教室中央，才发现小蔷在一张桌子后面。她的头低垂着，双手紧紧攥着一张试卷。

我走近她，用轻柔的语调询问她在做什么，她缓缓抬起头，眼眶红肿，眼中充满了泪水和疲惫。

我不禁感到心痛，这个平时坚强自信的女孩，此时却如此悲伤和脆弱。小蔷告诉我，她觉得自己考得不好，感到对不起父母和老师。

我感到一股无力感涌上心头，我知道小蔷的压力很大。我轻轻地告诉她，她不需要对自己这样苛责，她已经很努力了。考试只是一时的结果，不能完全代表她的价值。我的话似乎起了一定的作用，她的眼神渐渐从绝望转为了感激和释然。

而我自己也百感交集，纵然我教过很多学生，也是第一次见一个学生对自己如此苛刻。

其实小蔷这个案例，也向我们说明了一件事情：当你的孩子成绩不好的时候，不仅是你自己感到头疼，孩子也是很痛苦的，只是有些孩子的痛苦情绪化，体现在心情上，你跟他说话，他不愿意搭理你；有些孩子的痛苦躯体化，身体会感到不舒服；有些孩子的痛苦行为化，会通过自我伤害来排解；有些孩子的痛苦是可转移的，他们看起来每天乐呵呵的，其实很可能是为了隐藏自己的痛苦。

所以当孩子成绩不好时，家长也应该尽可能不去苛责，而去试着触碰孩子的真心。

而在我触碰到小蔷真心的时候，我的好胜心也噌一下上来了：这样要强的孩子，必须帮助她考出成绩！

小蔷所在班级的数学老师听了她的故事，也是百感交集。她说没问题，每天中午她加课一个小时，给小蔷讲一讲当天没学会的内容。但是这样过了一个多月还是没有效果，我和数学老师又一次抓狂了。

小蔷加课的这一个多月里，她投入了大量的时间和精力，不断地努力学习。每节课她都专心听讲，认真记录笔记，积极向老师提问，不放过任何一个机会来提高自己的数学成绩。

她完成了大量的习题，反复思考和练习每一个难点，直到完全掌握。即使遇到困难，她也不轻易放弃，而是继续坚持下去。

然而，当下一次考试成绩公布时，大家都感到十分意外和失望，因为小蔷的数学成绩并没有像大家预期的那样有所提高，还是徘徊在 80 分。

小蔷的数学老师一向以思路清晰著称，要知道我们学校对于老师的筛选是非常严格的。而我作为一家教育机构的校长，每年要面试超过 1000 个老师，每 50 个人中只会留下一个人。我们的教学水平都是经过重重检验的，可为什么小蔷的成绩总是没有提高呢？

不仅小蔷很迷茫，我和她的老师们也全部陷入了迷茫。

我们一开始以为小蔷是在课上听不懂，反应不过来，只是记下了笔记，而没有消化。可是加课已经证明她听懂了老师讲的每一道题，既然每道题都懂了，为什么还是考不出好成绩呢？

其实小蔷这样的情况，并非个例。我在多年的一线教学过程中发现这是很多孩子的通病，而大多数孩子远不如小蔷有这么强大的定力和信念。大多数孩子学了几次，发现没有进步，就自我放弃了。

所以如果你的孩子也有这样的问题，最大的可能是他和小蔷有同样的短板。而我发现这个短板，是一次非常有意思的机缘巧合，和学习完全无关。

10.2 厨房大爆炸

小蔷除了成绩让人不满意,几乎可以算是一个学生标兵,不仅学习态度好,性格也很好。

小蔷一直很感激一位老师的教诲和帮助,于是她想在家亲自动手做一顿饭请老师吃,以表达自己对老师的感激之情。

为了邀请老师来家里吃饭,小蔷不仅认真准备了菜单,还提前一天去菜市场挑选了最新鲜的食材。回到家后,她花了整整一下午的时间切菜、煮汤、准备调料,并把家里收拾得干干净净。

当天晚上,小蔷穿着最喜欢的裙子迎接老师的到来。她为老师倒茶,并向老师表达自己的感激之情。小蔷的家长都不在家,老师问她:"你自己能搞定吗?"小蔷告诉她没问题。

可老师刚在客厅坐下没多久,便听到厨房传来嘭的一声。老师心里一紧,赶忙冲进了厨房,只见灶台上的油锅里冒出一股股黑烟,火苗不停地跳动,向着天花板蔓延。面对突然出现的火势,老师心中也是惊骇不已,但她没有丝毫的慌乱,立刻拿起锅盖,向着锅盖下去,把火压制了下来。灭火后,老师和小蔷都松了口气,但老师不敢大意,赶紧检查了一下厨房的状况。幸运的是,没有发现其他损失。

在一次闲聊中,小蔷的老师跟我聊起了这件事情,我一下来了精神,预感自己触碰到了问题的根源。

我问小蔷:"如果油锅起火了应该怎么办?"

小蔷回答:"要用锅盖来盖。"

我问:"能不能用水浇灭?"

小蔷说:"不行,妈妈说过,如果用水来灭油锅的火,会让火更大。"

我问她:"你连这个都知道,为什么会把冰冻的炸串放进热油里呢?"

小蔷眨巴了半天眼睛说:"妈妈没跟我说冰冻的炸串不能放到热油里啊。"

我一下就发现了小蔷思维里的一个问题。

她很认真,很听话,妈妈告诉她油锅里不能倒水,她就不会倒水,但妈妈没有告诉她油锅里不能放冰冻的炸串,她就不知道这件事情。

这次她知道了油锅里不能放冰冻的炸串,但以后煎饺子、炸薯条的时候,可能会发生同样的问题。

原来小蔷这么多年都只是在机械地背诵知识,却没有对知识的共性进行深入理解。

油锅里不能放水和不能放冰冻的炸串,本质上是同一个问题。

就像小蔷做错的第1题、第2题、第3题……它们本质都是同一道题,我们称这道题为母题。

换言之,小蔷不知道这些题目的母题是什么。

为了验证这个猜测,我请全班学生一起做了一个逻辑测试。

10.3 逻辑测试

逻辑测试内容如下。

警察和小偷沿着如下图所示的网格交替行动,警察先走,他的目的是抓住小偷,而小偷要尽可能躲避抓捕,请问警察如何才能抓住小偷?

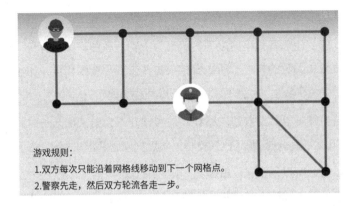

游戏规则：
1. 双方每次只能沿着网格线移动到下一个网格点。
2. 警察先走，然后双方轮流各走一步。

我仔细观察班里学生们的表现，包括小蔷在内的很多学生立刻拿起了笔在纸上写写画画，试图找到可以让警察抓住小偷的方法。

而还有一些学生并没有着急动手，而是盯着这张图片思考。

第二天我来收答案的时候，大部分学生都解出了答案。

我请小蔷讲一讲她的方式，她一板一眼地讲了警察和小偷的行动路线。

我又问她是怎么想到的，她告诉我是试出来的。

我问她试了多久，她告诉我两三个小时。

我说好，如果我把这个网格变一下，你需要多久解出来？

小蔷沉默了，用眼神告诉我，可能还要好好试一番。

然后我问班里那个总是考第一的学生她需要解多久，她说3秒，然后给我写出了答案。

这道题其实并不难，可能也就是小学奥数的水平。它考察的是一个人的逻辑思维。

如果我们把警察和小偷之间的距离用数字来表示，那么在初始状态下，警察和小偷的距离就是2，警察追一步，小偷逃一步，他们的距离仍然是偶数2、4、6。所以如果想让警察抓住小偷，则必须让警察和小偷之间的距离变成 1。

那么怎么让警察和小偷之间的距离为 1 呢？在图片中，有一个地方可以完成奇数和偶数的转换。所以警察只需要走到那个网格点，和小偷之间的距离就变成奇数 1、3、5 了，也就能够抓住小偷了。

小蔷当然可以试出警察的路线，但考试并不会给人那么长时间。在考试中我们要立刻发现问题，找到模板，然后把问题解出来。

而学霸之所以是学霸，就是因为她在做这道题时，不仅这一次让警察抓住了小偷，还找到了警察抓住小偷的秘诀。找到这个问题的底层逻辑，就可以确保这一次、下一次和今后的每一次都抓住"小偷"。

10.4 "数学墙"的诞生

这里我先提一个问题：什么是逻辑？

如果这本书里直接讲归纳逻辑和演绎逻辑，不免失去了它轻松易懂的特性，更不能体现出这些年我教学生锻炼出来的表达能力。

所以我把逻辑比作分类和分步。

在做饭这件事中，冻饺子、冻炸串和冷水是分类的问题，而先放什么后放什么则是分步的问题。

考试的本质和做菜其实没有区别，都涉及分类和分步。其中，分类就是有几个菜系、几个菜品、几种题型；分步就是先做什么，后做什么。

所以当时我萌生了一个想法：如果能够把高考学科整理成一个"菜谱"，像教学生们做菜一样教他们各科的知识，学习不就变得轻松了吗？

于是我立刻开始组织老师研发教案。最后我们研发了一份名为"数学墙"的教案，因为它真的被贴在了一面墙上。在后面备战高考的每一天，每当学生做错了题，我就把他揪到"数学墙"前，问他："你错的这道题是不是在这儿？是不是'数学墙'上这道母题的变形？"学生一遍一遍地加深印象，很快就真的领悟了。

清晰的路径就此形成！

"数学墙"这个学习法，简而言之就是把学生们刷过的几万道题，总结成几十个母题，通过最清晰的分类和分步把它们排列好，然后把它们完整印在学校的墙上。这些母题之间是分类的关系，就像炸物是一类菜，汤又是一类菜；而每一个母题的解法，就是第1步、第2步、第3步，它们之间是分步的关系，就像在煎食物时，第1步是放油，第2步是放食物，第3步是煎至金黄。

完成了对所有知识的分类和分步，原本没有逻辑的学生至少可以清楚地知道哪些题应该用同样的方法。

但"数学墙"的意义，还远不止于此。

10.5 你的问题都有解药

平庸的家长和老师，只会抱怨孩子"耍小聪明""没毅力""爱玩手机""没耐性"。

而聪明的家长和老师，则会思考孩子考不出成绩的真正原因是什么。

在一定情况下，这是因为整个中学阶段，尤其是高中阶段，学生需要学习的知识实在是太多了。记住这样海量的信息对于学生来说，是一个巨大的挑战。

而"数学墙""物理墙"等各科逻辑框架的出现，有效地减轻了学生的学习压力——他们只要学会墙上的那几十道母题，就可以掌握大部分模型，这些内容满打满算，放在A4纸上不过10页。

如果某个学生还是半信半疑，我就会把他带到"数学墙"前，拿出最近几年的高考试卷和他一起寻找同类型的题目，他自然一下就有了信心。

而当学生建立起初步的信心之后，还需要刷一定量的题。

通过刷题一方面可以锻炼学生识别题型的能力，另一方面可以提高他们解题的速度和准确性。但与以往不同的是，在"数学墙"的帮助下，学生在刷题或考试中遇到挫折时，不会轻易丧失信心，甚至放弃学习。而是逐渐对知识点形成条件反射，使学习变得就像玩"连连看"一样轻松。

在"数学墙"的帮助下，本来学习就很认真的小蔷成绩突飞猛进，最后高考数学取得了 122 分的好成绩。对于从小到大数学没及过格的小蔷来说，这无疑是一个奇迹，也是她人生中的转机。

而自从我的学校建立起了"数学墙"的机制，所有学生的学习状态都有了质的提升。

解决了逻辑的问题，还要打通学习上的"任督二脉"，我管这个"任督二脉"叫"知识球"。

关于"任督二脉"的问题，我将在下一章进行详细介绍。在阅读下一章之前，我们先思考几个热身问题。

我们总是希望孩子好好学习，但是如果一个孩子体会不到物理的伟大，他的物理能考出高分吗？如果一个孩子体会不到数学的奇妙，他的数学能考出高分吗？如果一个孩子体会不到语文的美，他的语文能考出高分吗？

第十一章
知识球：从 500+ 到 700+

很多家长和老师被孩子问过这样的问题：我们为什么要上学？我为什么要学这么难的学科？我去菜市场买菜，会用加减法不就行了吗，为什么要学这么多高深的数学知识？

这时家长和老师往往会告诉他们考试是一种筛选，锻炼的是你的能力。

作为一名教过 1000 多个孩子的老师，我认为这样的解释会极大地伤害孩子的积极性。如果希望孩子学好知识，就一定要让他真正认识到他所学的知识是有用的，是美的，要让他感受到人类的智慧是伟大的。

而家长和老师要先发自内心地认可人类智慧的美好和伟大，才能让孩子真正认同这一观点。

为了讲明白这个道理，我要给你讲一个我学生的故事。这个故事非常有代表性，展示了一个 500 分的孩子是怎样考到 600 分的。

11.1 学神的礼物

小邱是一个非常有代表性的孩子。和前文中讲的小蔷的情况不一样，小邱头脑聪明，逻辑清晰，他可以考到 500 多分，但离 600 分总是差一步。

他差的这一步是"由点及面的顿悟"。

什么是学习中的顿悟呢？成绩越好的孩子越能理解这件事情，因为在他从不会到会的过程中经历了无数次顿悟。

那么顿悟是什么呢？打个简单的比方，学会骑自行车的人再也不会忘记怎么骑自行车，学会游泳的人再也不会忘记怎么游泳，真正学会一道题的人也是这样的。

沃尔夫冈·柯勒（Wolfgang Kohler）在其著作《人猿的智慧》中讲了黑猩猩的顿悟：困在笼中的黑猩猩试了很多次用多根竹竿拾取笼外的香蕉，但是总是以失败告终。在这个错误的过程中，大多数黑猩猩都没有任何进步，仍然拿不到香蕉，但是有一只黑猩猩在一个瞬间恍然大悟，它将两根竹竿并到一起，就像人类使用筷子那样，拿到了香蕉。

人类也是一样的，在脑筋急转弯、猜谜语等类似的活动中，都会出现这样灵光一闪的瞬间。

于是我请小邱回忆班里学习最好的同学。

他给我讲了他们班学霸的故事，他说："我们班有一个女孩，每次都能考全班第一，但是从来不听课，甚至上课的时候看漫画。每次老师提问她的时候，她上一秒还在低头看漫画，下一秒就能抬头答出来。她每次写作业都是把大题写完之后抄别人的选择题，之所以不抄大题是因为抄大题还不如她自己写得快。"

我说："这个案例太好了，我们仔细分析一下。"我故意启发他，就问小邱："这个女孩高中阶段一直这样吗？"

小邱说："不是的。这个女孩上了高三以后才不再听课的，课上有的时候自己做题，有的时候看漫画。她高一、高二听课非常认真，老师还表扬过她。"他的话语中透露出些许羡慕，好像在感慨自己怎么没有这种能力。

我说："这就对了，这个女孩的顿悟已经在高一、高二完成了，就好像一个人学会了骑自行车就再也不会忘记了。对于这个女孩来说，她已经掌握了做题的技巧，就不需要再费心去思考和探索了。"

小邱沉思片刻，接着说："我觉得完整的顿悟不仅是对知识点的理解，还包括对自己学习方式的反思和改进。这个女孩在高一、高二认真听课，但在高三发现自己更适合自主学习，因此才能够在学习中取得更好的效果。"

"完全正确，为师今天就来打通你的'任督二脉'！"听了小邱的话，我鼓掌道。

11.2 怎样填满知识的球？

小邱很聪明，他试探性地问："老师，'任督二脉'是指知识的迁移吗？"

我告诉他没错，学习就像修炼武功一样是有"任督二脉"的，只要"任督二脉"打通了，就会发现自己拥有源源不断的"内力"。

我继续问小邱，看没看过电影《复仇者联盟》？

小邱说这是他最喜欢的电影。

于是我继续说，电影里的钢铁侠一晚上就学会了天体物理，你有没有想过他到底是怎么做到的？

小邱摇摇头问："这真的可以做到吗？不是电影杜撰的吗？"

我又问他："那你知道现实版的'钢铁侠'埃隆·马斯克（Elon Mask）吗？"

埃隆·马斯克在四个行业创立了世界领先的公司。其中，他的美国太空探索科技公司（SpaceX），能够成功回收在轨道上完成运行的火箭，除了发射火箭，还能让火箭软着陆。而此前，这些任务都由国家队来完成。

除了 SpaceX，他还是 PayPal、特斯拉、SolarCity 和 JumpStartFund 这四家公司的创始人。PayPal 是全球最大的网上支付公司，支付宝就是借鉴了它。特斯拉是全球电动汽车的引领者。SolarCity 是一家太阳能公司，这家公司同样是全球太阳能行业的佼佼者。

埃隆·马斯克之所以能够取得这些令人瞩目的成绩，是因为他能够找到知识的主干并进行知识迁移。

他把这种方法叫作第一性原理，而他正是用这样的方法，成功实现了火箭的回收再发射。

小邱说："我好像感受到班里学神的样子了。学神就是可以很快掌握一种新的东西。"

于是我问他，那你想知道这是怎么做到的吗？你需要一个叫作"知识球"的东西。

打个直白的比方，你考试学科中的所有题目是一个球，学习的过程就是装满球的过程，只有球被装满时，才能在考试中取得高分。

然而不幸的是，题目实在太多了，导致这个球里有一万多个点，每个点都代表了一道题，相近的点代表相似的题。现在你有两个策略填满这个球。

策略1：用惊人的毅力背下所有的点，并且确保不忘。

策略2：精心埋下100个点，然后使这些孤立的点辐射开来，建立点与点之间的联系。

两个策略孰优孰劣显而易见。

那么策略2具体应该怎么做呢？

步骤1：精准埋点，以高中数学为例，只需找出30个题型，就足以考到120分。

步骤2：增强自己的辐射力，建立两个相邻点之间的联系，得到余下的30分。

这样你的球很快就填满了。

如果你埋点不准、辐射力不够，你可能需要埋1000个点，那就需要比埋100个点的人多用10倍的时间，也就是说别人只需要学1年，你却需要学10年，而那些背题的人需要学100年。

现在你明白为什么有人能一举考上985、211大学，而有些人却与之无缘了吗？因为后者一直在尝试背下10000个点，永远陷在"背了忘，忘了背"的死循环中。

11.3 恍然大悟

小邱恍然大悟:"题目在我的眼里只是一个又一个'孤岛',而在马斯克或学神的眼里,它们之间有着千丝万缕的联系。所以学神只需要做很少的题,就能领悟相应的知识,而我要想达到和他同样的水平要付出千百倍的努力。"

在后面的课程里,我着重注意对小邱知识迁移的训练。每当讲完一道难题,我就问他这和以前做过的哪道题类似。

慢慢地,小邱也完成了知识的迁移。我似乎看到小邱知识球中的知识点像光线一样逐渐连接起来。我知道离他填满知识球的时刻不远了。

有一次小邱兴高采烈地跟我说:"老师,我现在不仅在学科内完成了知识迁移,还找到了学科和学科之间的共同点。我发现数学和物理的思维非常像,都需要一步一步推导;生物和化学的思维非常像,都涉及分类讨论。

果然小邱的下一次月考超过了 600 分。

我告诉小邱,知识迁移所带来的成效不仅如此。程序员界有一句话叫"万物皆算法。"事实上,人类的一切知识都存在共性。你如果再往深处悟一层,领悟了万物皆算法,就可以考到 700 分了。

小邱兴奋地看着我说:"老师你快讲啊!"

我说:"最后的秘籍,叫作'学习就是吃红烧肉'。"

11.4 数学让我们吃上红烧肉

我问小邱:"如果让你选择人类最伟大的发明,你会选择什么?"

小邱选择了电灯。

我告诉他,如果让我选择的话,我会选择函数,如果你能理解函数到底是什么,你就能理解人类全部的知识是怎样迁移的了。

我们先来看看《普林斯顿微积分读本》是怎样解释函数的:函数就是一个黑箱,这个黑箱有一个入口和一个出口。入口放进去一个原材料 x,出口就会传出来一个产品 y,你不需要考虑黑箱里发生了什么,只要拿到结果就可以了。

我们设想一个"妈妈做红烧肉"的问题——妈妈做红烧肉总共分为几步?你可能觉得坐在餐桌前,红烧肉不就被端上来了吗?当然不是,妈妈要在厨房里劳作很久。其实妈妈就可以抽象为一个函数,给妈妈一块五花肉 x,妈妈会做出一盘红烧肉 y。

那么妈妈的五花肉是从哪里来的,难道是天上掉下来的吗?

当然不是,五花肉是妈妈从超市买来的。超市的五花肉是从哪里来的?是屠宰场送来的。屠宰场的生猪是从哪里来的?是养猪场送来的……

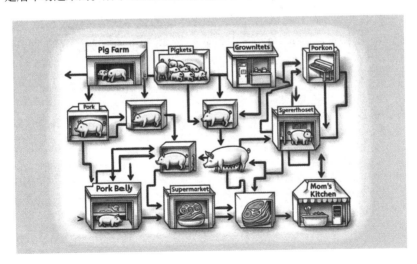

养猪场是一个函数,传入猪崽 a,传出活猪 b。

屠宰场是一个函数,传入养猪场传过来的活猪 c,传出生猪 d。

超市是一个函数,传入屠宰场传过来的生猪 d,传出五花肉 e。

妈妈是一个函数,传入超市传过来的五花肉 e,传出红烧肉 f。

请问妈妈为什么不选择自己养猪、杀猪、切肉呢?

事实上,进入工业社会以前,大家就是这么做的,那个时候只有过年才能吃上一顿红烧肉。但当社会有了分工以后,人类的生产效率得到了指数级的提升。

函数的本质就是将复杂的问题拆解成小块,每一个函数只专注于解决自己眼前的小问题,组合起来,就构成了一个系统,这是社会运转的法则,程序员叫它"万物皆算法",数学老师叫它"万物皆函数",所以,尽管买红烧肉不需要用到函数,但没有函数,你是绝对没办法每天吃到红烧肉的。

小邱听懂了我的话,说:"所以我要把每一个题型都理解成一个算法,然后把这些算法组合拼接,我就可以获得'红烧肉''五花肉''大肘子'等不同的答案了。"说来也奇怪,后来小邱的数学成绩再也没有低于过 140 分,最后考入某 985 大学的计算机系——正是他们学校的王牌专业。

第五篇

秒杀课：自信的掌控支撑心流

自信的掌控感是让孩子进入心流的必备要素之一，这一点很容易理解。因为一个内心充满恐慌和自卑的人不可能在做事的同时享受其中。而这种自卑又分为两种类型，即来自外部的自卑和内部的自卑。如果这两种自卑得不到解决，别说孩子，就是成年人也没办法专注地做事。

第十二章 "看见"外部自卑

孩子的世界其实很小，对于他们来说，那些大人习以为常的小困难、小障碍在他们眼里可能如同天塌地陷一般。

如果读者朋友能够理解这种痛苦，那么相信你不仅在育儿方面会有所精进，在人生境界上也会获得不同的感悟。

12.1 恐怖的风

除了教过 1000 多个孩子，胡老师和我还为 1000 多位来访者做过一对一的咨询，其中一位来访者给我们留下了深刻的印象。

来访者是一个脸有点大的女士，她为这件事感到特别痛苦，尽管她已经年过不惑，但仍然没办法摆脱这份自童年起就缠绕着她的痛苦。

我想请你和我一起体会这份来自陌生人的痛苦。相信我，这对我们理解孩子，乃至理解人类都会有所帮助。

她说："我一直被外貌焦虑困扰，觉得自己的脸很大。五年级的暑假，我去理发店理发时，我看到镜子中自己的脸和旁边的姐姐相比，整整大了一圈。我觉得老天太残忍了，为什么要给一个爱美的女孩一张大脸呢？它不知道这会带给我多大的痛苦吗？从那天开始，我就认为自己不漂亮了。我不断地想办法遮住脸。我尝试用头发遮，但害怕风把头发吹起来。我不敢拍照，不敢抬头走路，永远低着头，避免别人看到我的脸。随着时间的推移，我对自己的外貌感到越来越不满，不时地向周围的人抱怨自己的外貌问题，期待获得同情。然而，每当有人安慰我说我的脸并没有我所担心的那么大时，我反而更加沮丧，因为我明白这只是一种安慰，而非真实的看法。我一直期待有人能够告诉我，在这个世界上外貌并不是最重要的，人还有很多美好的品质和特点。"

我不知道这位女士的痛苦能否让你感同身受，如果你无法理解，那么你可能暂时不能了解自己孩子的内心世界，孩子的很多秘密可能会藏在心里，不与你分享。

我无法想象，一个女孩从五年级的暑假开始，几乎每时每刻都被这样的事困扰。这么长的时间中，也许遮挡脸已经成了她的一种本能反应。

我们总是希望自己的孩子可以考上名校，可研究表明，超过 60% 的孩子都有外貌方面的自卑，如果你的孩子陷在这样的自卑里，他能有心思学习吗？他可能不仅没心思学习，连阳光快乐地长大都是奢望。

那么如果你的孩子陷入了这样的自卑，你应该怎样帮助他呢？答案是从心底接纳自己的孩子。接纳孩子可以帮助他们走出自卑，建立自信。

12.2 光头姑娘

下面要讲的故事发生在我读研究生时。

我的一位本科同学光光结婚了，他是一个非常温润的男人。"温润"这个词似乎是为他量身定做的，他不仅唱歌很好听，跳舞也很棒，是艺术团的骨干。他身上散发着独特的文艺气息，说话总是轻声细语。

我参加了光光在北京的答谢宴，一同参加的还有他在北京的朋友和同事。我们在海底捞的包间里一起享用美食，当时我们还很年轻，都没有结婚，他是我们同学中第一个结婚的人。我很想问他一些问题，如他的婚姻观和爱情观，以及对婚姻和另一半的看法。

在答谢宴上，一个男生突然提出了一个问题："你们在哪个瞬间决定非她不娶或非他不嫁？"这个问题深深地吸引了我们，因为我们都很想知道是什么样的瞬间会让人感觉必须与这个人共度余生。然后一个令人难忘的画面出现了，光光的妻子突然摘下了"头发"，露出了光头。

这个画面非常震撼，让我们都愣住了。

与此同时,光光开始讲述自己的故事。他说,他决定非她不娶的那个瞬间是在一天晚上,他们在家里一起做饭,看电影,聊到两人都掏心掏肺的时候,还是女友的妻子突然涨红了脸,似乎做了一个巨大的决定,然后缓缓摘下自己的假发,告诉光光:"我没有头发,你是我成年后第一个让我摘下假发的人,我曾经以为自己再也不能用真面目示人了,可是你的包容让我觉得好安全。"

光光被这个勇敢的举动深深感动,从那时起,他就觉得非她不娶了。

然后光光的妻子告诉我们,她在高中时因为一种奇怪的病开始掉头发,最终变成了光头,医生只是诊断说她无法吸收某种微量元素。我想我们都难以想象这种恐惧和痛苦,因为我们不是光头。但是,我们可以尝试去体会她的感受,因为我们都知道脱发对于任何人来说都是一种难以言喻的烦恼。

光光的妻子继续说:"因为奇怪的病,我遭到了很多霸凌,同学们甚至给我起外号叫'裘千尺',就是《神雕侠侣》里面那个不长头发的老太太。我每天上课都不敢抬头看其他人,总是低着头默默地听讲,尽可能地躲避同学们的目光。渐渐地我失去了自信,觉得自己没有朋友,没有人会喜欢我。有时候我会偷偷地哭泣,但从来不敢告诉别人……"

这个故事在我的心中留下了深刻的印象,让我感受到了生命的真谛——接纳自己,接纳别人。

我们不应该过于在意外界的评判,允许孩子自由地做自己,不要让别人的评判束缚孩子的人生。

根据一项 2019 年的研究,约 83% 的女性和 79% 的男性在某些方面感到自卑,其中大部分是关于外貌的。一项由 Skin Vision(皮肤视觉)平台进行的调查表明,约 61% 的人表示对自己的皮肤感到不自信。

此外,一些研究还发现,外貌焦虑在青少年和年轻成年人中尤为常见。

例如，一项 2017 年的研究表明，约 63% 的青少年因外貌而感到自卑。其他研究也表明，在社交媒体等对外表要求较高的环境中，人们对自己的外貌会感到更加不满。

这其实也很好理解，能让人产生外貌焦虑的问题实在是太多了：皮肤、五官、青春痘、身高、毛发……而如果我们不能接纳孩子，他可能连安心坐在书桌前都是难事，怎么可能在学习时进入心流呢？

受到光光夫妇的启发，我越来越关注孩子们的外部自卑，尤其是对于内向敏感的孩子——他们实在是太需要被看见了。

小貌就是这样的一个孩子。

12.3　让我们交换秘密吧

小貌是一名普通的初中生，她有一件让她倍感困扰的事情，就是她的鼻子略大于常人。同学们大声嘲笑小貌的鼻子，并给她起外号"大鼻怪"，这令小貌十分难受，觉得自己成了别人眼中的"异类"。从此以后，小貌的注意力总是集中在自己的鼻子上，不敢抬头看人，不愿参加班级活动，也不和同学们交往。她的自尊心和自信心受到了严重的打击，甚至开始怀疑自己存在的意义。

小貌的自卑心理逐渐影响到她生活的各个方面。她不再穿漂亮的衣服，因为她担心别人会更加注意她的鼻子；她总是低头走路，不敢看别人的眼睛，也不敢在公共场合说话，生怕被别人嘲笑。小貌甚至开始怀疑父母是否也不喜欢自己的鼻子，这让她感到更加沮丧。

我注意到小貌的异常，想与她谈心，但是她总是避而不谈。

如果你已经看懂前面两个故事，那么你就能理解：当我们面对一个自卑的人时，简单的安慰往往是无效的。因为在她生活中的每时每刻，她都承受着自卑的折磨。而缺乏经验的家长或老师很可能会说"你的鼻子其实不大啊"或"鼻子大并不会影响你将来成为优秀的人",但这些简单的安慰可能无法产生什么效果。那么我们应该怎样做呢?

我想出了一个方法——试着让她跟我交换秘密。我分享了一个小时候被同学们嘲笑的故事:当时我的眼睛很肿,黑眼圈很明显,眼窝很深,因此被同学们起了一个外号"尼斯湖水怪"。我告诉小貌,这件事情让我感到非常自卑,即使我现在已经成年,有时候人们也会说我看起来像是没睡醒,因为小时候为了让眼睛看起来不那么肿,我经常眯着眼睛,这导致我现在仍然有眯眼的习惯。

眼睛肿并不是我痛苦的本质原因,而为了躲避他人的目光,一直低着头、眯着眼睛度过了整个青春,才是我痛苦的根源。我几乎时刻关注自己的缺陷。

小貌和我产生了共鸣,她流露出同情和理解,像是做出了什么艰难决定一样,与我分享了她自己的故事。在讲述这段故事的过程中,她几乎哭到背过气,告诉我她被同学称为"大鼻怪"。

哭是疗愈的开始,而被理解才是解决问题的关键。

请记住,不要简单地给予安慰,因为你根本体会不到他人痛苦的万分之一,不要说鼻子大没什么,也不要说哪些名人也是大鼻子。

认真地体会、了解、感受孩子的痛苦而不越界,你就做到了"理解"。孩子就会走出情绪的泥潭。

渐渐地,小貌的哭声停了下来。后来她慢慢变得积极自信,逐渐走出了自卑,我也严肃地教育了起外号的同学。小貌开始接受自己的长相,也开始学会欣赏自己的优点。而我也因为帮助小貌走出自卑而感到无比开心和自豪。

不知道读者朋友能不能真正理解一个人的自卑,可能男性读者对于容貌焦虑的体会远远少于女性,太阳人(俯视者)的共情能力也远远弱于星星人（仰视者）。

但无论你的共情能力如何，作为教育者，我们都应该重视外部自卑。对于外部自卑的人，最大的支持就是"看见"，尽可能与他同在。

12.4 神奇的转机

就在小貌渐渐与自己的自卑和解的过程中，命运给了小貌一个转机——新冠疫情暴发。

自从新冠疫情暴发以来，我所在的学校就开始了网上教学。其实这对于绝大多数孩子来说都是一件糟糕的事情，因为上网课很难获得与在教室上课一样的学习效率。

但上网课居然成了小貌逆袭的契机。上网课让小貌有了更多的自由和隐私，不再需要面对同学们的评判和质疑。她可以随意选择角度和距离，不再需要担心被人看到自己的缺点。在这样一个安全的环境中，小貌的学习状态发生了奇妙的转变。她发现自己有了自信，可以在学习中进入心流。她特意为自己选了一款"V"字形的瘦脸口罩，她再也不需要花费大量的时间和精力去担心自己的外貌问题了。

随着时间的推移，小貌的学习成绩稳步上升，她的自信心也逐渐恢复了。毕业时，我又一次见到了她，虽然她当时戴着口罩，但我仍然可以感受到她的自信。她告诉我她已经被自己心仪的大学录取了。我感到非常高兴，也为她感到骄傲。

她还特意对我说："老师，谢谢你让我知道了我们都一样，让我知道了世界上还有一个人也承受过一样的痛苦。"

我听完笑了笑，说："老师再给你讲一个故事吧。"

12.5 蘑菇兄弟

著名的心理学家埃里克·埃里克森（Erik Erikson）曾经应邀去辅导一个孩子。这是一个大男孩，躲在房间里不吃不喝已经两天了，他撑着一把伞蹲在角落，说："我是一个蘑菇。"

埃里克森没有马上对男孩说你要站起来，你要改变你自己这些话，只是在旁边静静地观察这个男孩。

过了一会儿，他也蹲在男孩的旁边，拿了一把同样的伞。半个小时后，男孩问埃里克森："你为什么要蹲在这里？"

埃里克森回答："因为我是一个蘑菇啊！"

男孩很开心："原来不只我一个人是蘑菇，你也是蘑菇，太好了。"

埃里克森突然站起来，男孩很奇怪："你怎么能站起来，你不是一个蘑菇吗？"

埃里克森说："对啊，我是一个蘑菇，因为蘑菇要长高，我当然要站起来，我已经长高了。"

男孩说："不行，我也要长高。"于是也打着伞站了起来。

后来，他们一起喝水、吃饭、到户外……不知不觉，随着时间的推移，男孩就康复了，愿意喝水，愿意吃东西，恢复了正常生活。

这就是共情，如果你想教育或改变一个人，居高临下地指手画脚是行不通的。你只有变成和他一样的人，和他成为一伙，才能真正触及他的内心，体会他的感受。

20世纪90年代，意大利的研究者发现：当动物看到另一只动物做出相同的动作时，大脑中的一些神经元会活跃起来，好像自己在做这个动作一样。这种神经元就是"镜像神经元"。它可以帮助我们通过观察来模仿学习，同时让我们能够体验他人的感受，是我们同理他人的基础和支撑。

我望向小貌，期待她听懂了这个故事。我想到了自己曾经的自卑和恐惧，想到了自己曾经也是一个渴望得到理解和关爱的孩子。然而，正是因为经历了那些困难和挣扎，我才有机会成为一个能走近学生的老师，去帮助那些需要帮助的人。

希望蘑菇兄弟的故事能帮助你理解孩子。当孩子有了自信后，才更有可能在学习中进入心流。

回想小貌的故事，我想起了一句话：如果你不能接受自己的缺点，那么也就无法真正接受自己的优点。因为只有接受自己的不完美，才能真正发掘自己的潜力和价值，去追求更好的未来。

第十三章 "秒杀"内部自卑

作为教育工作者，我始终有一个信念，就是所有孩子都能考上好学校，都能成才。这个逻辑很简单，只要这个孩子还在学校里，他其实就是愿意学习的，因而不存在"学不会"的问题。

什么样的孩子没办法考名校呢？只有那些彻底放弃学习的孩子。你可能对孩子的期望很高，认为他对自己的成绩不上心。相信我，即使是"混世小魔头"也想考高分，他对自己的期待比你给的高多了，他只是在进入心流的过程中出了问题。我就教过一个由"混世小魔头"组成的班级。

13.1 "魔头班"

因为我们校区就在全省最好的高中旁边，所以我经常遇到两类孩子，一类是成绩特别优异，在班级里"吃不饱"，需要一对一拔高的；另一类就是在学校已经"混"不下去，被迫休学的。这样的经历让我有机会仔细观察不同的孩子，因为"竞赛生"和"小魔头"恰恰是最难教的两类孩子。

因此我对接手"魔头班"有着充分的心理准备。果不其然，"小魔头"们没让我"失望"。

在这个班上第一堂课前，我的心情有些激动。我还记得那天我特意穿上了我的篮球鞋，打扮了一番，想和他们打成一片。我打算在课堂上以和善而坚定的方式与学生们交流，让他们感到我作为新老师的信心和热情。

然而，当我走到教室门口时，心情立即跌到了谷底——学生们在教室里大声嬉闹，有些人坐在课桌上，有些人甚至在教室里四处奔跑。尽管如此，我还是鼓起勇气走进班级，微笑着向他们打招呼，却只得到了冷漠的回应。学生们似乎根本没有把我当一回事。

我只能用力敲了敲黑板，展现我的愤怒，然后解释这堂课的重要性。

但是，"小魔头"们根本不理会我的话，继续打闹。

我叹了口气，既然无法进入学习状态，那我就先讲故事吧，让他们稍微有点儿兴趣再说。

第二天站上讲台，我便从包里掏出了一大把刮刮乐，问学生们："这些是 1000 元的刮刮乐，一共有 50 张，你们说能刮出多少钱？"

学生们一下来了精神，不再摆弄自己手中的事情，而是不约而同地望向我，七嘴八舌地回答："20 万！""5000！""10 万！"

我笑了笑说："那你们刮刮试试吧。"说完便把奖券分发给了学生们。学生们激动极了，有的掏出硬币刮，有的用指甲刮。中奖的学生迫不及待地报出自己中奖的金额。

很快，50 张刮刮乐就被刮完了，我们一共中了 640 元。我打开投影仪，播放了不少博主的刮刮乐挑战视频。看了几个视频后，我们发现，如果一个博主花 10000 元买刮刮乐，大约能中 5000 元。我问学生们："这是为什么？"

学生们沉默地陷入思考，这是我第一次看见他们思考。一个学生说："是不是和概率有关？"

"对啦！这和我们的数学期望有很直接的联系。这节课，我就教你们必胜术，学完这节课的内容，你们去和别人摇骰子就能占上风了。"

这帮"小魔头"一听摇骰子就来了兴致，让我快点讲。于是我试着用最浅显的语言，给他们讲了几个博弈的必胜模型，又留了几道算胜率的练习题，这也是这些学生几年来第一次做数学作业。

就在我觉得一切正朝着好的方向发展时，一件让我意想不到的事情发生了。

13.2 凌晨四点的电影院

"小魔头"们还是比较认可我的,所以尽管学习效率不高,但基本与我相安无事地度过了半个月。然而某一天我查寝的时候,在宿舍里发现了一个爆米花桶,这让我怀疑学生们是否私自离校去看电影了。

我查找了电影信息,当天晚上是《复仇者联盟4》的首映,影院离学校不远。我研究了电影院的排片时间,发现当天晚上有一场凌晨2点开始的电影。这意味着学生们必须在凌晨从学校里出去,才能顺利赶上电影的开场时间。

我查了监控——果然如此,但如果来个"人赃并获",岂不是让我们好不容易拉近的距离又疏远了?

我心中有了主意,便决定"诈"学生们一下。当天晚自习,我坐在教室最后一排看书,等教室渐渐安静下来后,我轻声问旁边的一个学生:"灭霸死了吗?"

"死了啊,咱们不是一起……"说到这里,他突然意识到不对,吃惊地看着我,不知道我为什么会问这个问题。

我把学生们叫到办公室,让他们解释自己的行为。学生们像商量好了一样,说他们只是想去看这部电影。我问他们为什么非要在凌晨2点去看,他们说因为其他时间都没有空。

这显然不是真的,因为周末是有离校时间的,但我并没有戳穿他们。我只是告诉他们,这涉及学校管理的问题。我解释了逃寝的严重后果,包括他们可能会受到的处罚和对他们的未来会造成的影响。我清了清嗓子告诉他们:"老师没有责怪你们的意思。事实上,你们是自由的人,没有任何力量可以阻止你们的行为,但老师必须执行校规校纪。"

因为没有评判他们的对错,所以"小魔头"们不是很抗拒我的批评。

他们似乎认真思考了我的话，但还是坚持说他们只是想看一场电影，并且没有做错什么。我知道不能让他们产生抵触心理，所以我转换了话题，聊了聊电影中的角色，告诉他们我也很喜欢漫威。

慢慢地，"小魔头"们卸下了防备，其中一个学生告诉我："老师，我真的没什么信心了，还有几个月就要高考了，可是我落下的功课实在太多了，与其继续挣扎，还不如得过且过。"

我心中暗自得意：小样儿，终于说实话了。

"小魔头"们的话让我意识到揪出他们逃窜去看电影只是表层问题，更深层的问题是他们的基础实在是太差了，他们甚至无法正确理解一道简单的数学题目。一个没有信心的人，是不可能学得进去的。

为了解决这个问题，我决定用"数学墙"来教授数学知识。我把分好类的知识点和母题贴在墙上，用"数学墙"给他们讲解。我告诉他们，只要学会墙上的题目，就可以做对80%的数学题。我希望这样可以帮他们找到清晰的学习路径，让他们更好地掌握数学知识。

然而，很快我就发现了问题。尽管我给他们提供了清晰的学习路径，但他们的理解能力却跟不上，而且多年不认真学习，他们的信心比普通学生更低，以至于他们无法正确理解题目的含义，更不用说解决问题了。"小魔头"们也想学习好，他们的"混混"形象是装出来保护自己的，谁不想考高分呢？

于是我试图耐心地教他们，但他们仍然无法理解，这让我深感失望。

我思考其中的原因：是我教得不好，还是他们的理解能力太差了？我决定尝试更多教学方法，用更加生动形象的方式来讲解数学知识。

13.3 令人"不齿"的"秒杀课"

我想出了一个"背水一战"的计策,甚至说出来可能被很多老师所不齿。

在这个关键的时刻,如果我不能迅速提高学生们的成绩,那么他们可能就真的没机会了。我决定给他们开一个"秒杀课",让他们能够迅速提高数学成绩,解决他们眼前的困难。

其实数学、物理中都有很多好用的二级结论和投机取巧的方法,我们姑且把这些方法称作"秒杀",这些方法虽然在一些情况下能够让学生迅速提高成绩,但很多老师都不认同这些方法,学校里也不会教,因为这样培养出来的学生只是应试机器,而不是有思考能力的人。

我明白很多老师对于"秒杀课"的不满,但对于"小魔头"们不一样,这种方法对于那些基础薄弱、缺乏信心的学生来说,是绝境中的背水一战。

通过"秒杀课",我不仅可以帮助他们学习知识,还可以让他们感受到成功的自信——先不恐惧水,再学游泳。

这种自信会激发他们的学习动力,也会让他们对学习有更深的感悟,从而更好地理解知识。

当然,我并不是说学生只需要掌握应试技巧就足够了。我并不认为"秒杀课"是唯一的解决之道,但它确实可以给"小魔头"们带来积极的变化和收获。我做了一个决定——接下来的一周我只教"秒杀"技巧。

我对他们说:"通过充分利用二级结论,许多很难的压轴题也可以轻松'秒杀'。"在我用几秒钟"秒杀"掉几道题后,课堂气氛高涨,"小魔头"们纷纷表示上了十多年学,第一次知道还能这么抢分。

我趁热打铁在黑板上列出了一些曾经让学生们感到十分困惑的高难度题。但我不要求他们理解,只让他们通过"秒杀"猜出答案,然后写出反推过程。

"秒杀课"让这些"小魔头"建立了很强的信心。从那以后，班级里经常传出来"秒了！秒了"的喊声，"小魔头"们也能学进去了。短短一周的时间，他们的数学从几乎零基础迅速提升，在模拟考试中班级平均分突破了 90 分，掌握得最好的学生甚至足足考了 110 分。

回想起这一段经历，我深刻地理解了教育的意义。教育不仅是对知识的传授，更是对人的培养。虽然他们是家长、老师眼中令人头疼的"小魔头"，但其实他们也是面临着巨大考试压力的孩子。如果我们能给这些孩子一副铠甲和长矛，谁说他们不能创造奇迹呢？而教育，就是让孩子们变得更加自信、勇敢和有担当，让他们在未来的人生道路上走得更加坚定和自信。"秒杀课"则是他们对抗这个世界的武器。

而对我来说，这次经历也是一次宝贵的成长机会。我更加清楚学生们需要的是什么——自信。只有自信才能让学生们进入心流状态。

13.4　自信与心流

建立自信与进入心流是相辅相成的。当你有自信时，你更容易进入心流，而进入心流，又会进一步增强你的自信。

举一个简单的例子，害怕摔倒的人一定骑不好自行车。想象一下，当你第一次骑自行车时，你对自己的能力一无所知，所以你的动作生疏、笨拙，很难骑得稳。这时的你别说进入心流，不发抖就很不错了，因为你需要集中精力去控制自行车，保持平衡，恐惧代替了心流中的愉悦感。

"小魔头"们何尝不是呢？

但是，多练习几次后，你就会逐渐掌握技巧，变得更加自信。这时，你的动作会变得更加流畅自然，能更轻松地掌控自行车，享受骑行带来的快乐。这时，你就进入了心流。

"小魔头"们也一样,上了"秒杀课"之后,他们甚至从过去的抵触考试,变成了常常主动问老师"什么时候考试",想检验自己的"秒杀"技术。

学习也是一样。当你对自己的能力有自信时,你会更有动力去掌握知识和技能,更有信心去面对挑战和难题。这时你就能更容易地进入心流,感受到学习带来的成就感和愉悦感。而进入心流,又会进一步增强你的自信,形成一个正向循环。

当然,这并不是说建立自信就能轻松地进入心流,进入心流需要一定的技能。如果你对自己的能力有自信,但是缺乏技能的提升,你也很难进入心流。所以,建立自信和培养技能并重,才是进入心流的关键。

本书一直在强调的一个观点就是教育者要向游戏设计师学习。心流是人类最高级的快乐状态之一,它发生在我们完全专注于一项任务时。我们在这种状态中会感到快乐和满足,因此我们会渴望更多这样的体验。

游戏是帮助人们进入心流的天然途径。游戏具有简单的规则、即时的反馈和可持续的挑战,可以使玩家保持专注。比如在电子竞技游戏中,玩家需要通过反复练习来提高自己的技能和战术意识,才能够取得胜利。这种充满挑战性和成就感的体验可以让玩家全身心投入游戏,不知不觉地进入心流。

那么,游戏是如何让玩家获得自信的呢?

我们仍然以网游《梦幻西游》为例。《梦幻西游》中专门为新玩家准备了起始区域——新手村,拥有较为简单的任务和相对安全的游戏环境。在新手村,玩家可以学习基本的游戏操作、交互方式等。新手村的设计通常非常有特色,以吸引新玩家的兴趣,比如美丽的景色、有趣的故事情节和可爱的NPC(非玩家控制角色)。玩家可以在新手村中完成一些基础任务,积累一定的游戏经验和资源。

除此之外,《梦幻西游》还给玩家准备了以下新手任务。

(1) 基础操作教学：新手任务将引导玩家学习移动、与 NPC 对话、使用技能和装备等基本操作。

(2) 游戏机制介绍：向玩家介绍游戏内的等级、技能、职业、装备等核心元素，帮助他们了解如何提升自己的角色。

(3) 初级战斗训练：新手任务可能包括与怪物进行战斗，以帮助玩家熟悉游戏的战斗系统。

(4) 资源获取：玩家通常需要通过任务获取一些游戏内的基础资源，如金币、道具等。

(5) 引导至主城：完成新手任务后，玩家通常会被引导至游戏中的主城，从而正式融入游戏的主线剧情和社交环境。

那么在教育中，孩子们面对中考、高考这么大的压力，我们真的给他们准备新手任务了吗？我们真的在乎过他们到底怕不怕吗？我们为他们提供了足够的引导和帮助吗？

所以每当你要批评孩子的时候，请你想一想你刚开始学游泳、学开车的样子，要知道恐惧的人才是最容易呛水的。

那么，怎样才能让恐惧的人在游泳中减少呛水的次数呢？恐惧的人需要先逐步增强自己的游泳技能和知识，这可以通过接受专业的游泳指导和训练来实现，然而不论是初学者还是有一定经验的游泳者，恐惧心理都可能会导致呛水。在游泳过程中，一旦感到恐惧，身体就会出现惊慌失措的反应，如呼吸急促、心跳加速等，这些都会使人更容易呛水。相信我，对于学习跟不上的孩子，他们在课堂上的恐惧并不比初学游泳时少。

如果孩子实在太害怕了，那就允许他先戴上救生圈，"秒杀课"就是这样一个当下很有用的"救生圈"。

没有自信的支撑，心流也将不复存在。

第六篇

炼丹炉：恰当的难度强化心流

游戏中新手村的设计可以降低游戏的学习门槛,帮助新玩家快速上手。

而学习中的新手村,就是始终给孩子提供恰当的学习难度,让他在这个难度里"练级",以确保他始终处于心流通道中。

第十四章

拉伸区学习：
"断裂"处的重建

心流需要一个有挑战但又不至于让人压力过大的状态，我们称之为"拉伸区"。在这个区域内，人们感到充满动力，可以全身心投入工作或学习，而不会感到压力过大或无所作为。

相比之下，如果一个任务过于困难，会让人感到恐慌和不安，进入"恐慌区"。在这个区域内，人们可能会感到无法应对，产生焦虑和压力，导致完成任务的质量和效率受到不利影响。

而如果一个任务过于简单和乏味，人们会进入"舒适区"。在这个区域内，人们虽然没有压力，但也没有动力和激情，因为任务的挑战难度太低。

小摩的故事可以让你很好地理解什么是"拉伸区"。

14.1 小摩的叛逆

如果用两个字来概括小摩的学业，那就是坎坷。在我和小摩熟悉了之后，我才知道他经历了什么，也才知道不会使用心流学习法的家长会给孩子带来什么样的困难。

小摩是前文中"魔头班"里进步最大的一个学生。提起他，我就会想起两件让我印象深刻的事。

一件事是小摩的妈妈给他送水果。小摩妈妈是一位大学教授，她的工作时间自由，这让她有充足的时间来照顾儿子。每天，小摩妈妈都会亲自为小摩准备一份果盘，她会将水果切得整整齐齐，然后用牙签将它们串在一起，再悄悄把果盘放在小摩的宿舍里，替换掉前一天的空盘子。

她解释，如果儿子不每天吃水果，就会出现严重的便秘。在这种溺爱下，小摩进入了叛逆的青春期。他与父母的关系恶化到了水火不容的地步，坚决要求不与妈妈见面。

小摩妈妈也很有韧性，即便如此也不放弃，她每天趁小摩上课的时间悄悄将水果放到宿舍里，然后带走前一天的空盘子。这个奇特的互动持续了整整一年，母子二人始终没有在学校里碰过面。

另一件事是由小摩爸爸讲述的。小摩和他的父母会定期去探望外婆，这对大多数家庭来说应该是一次欢乐的家庭旅行，但小摩却提出了一个条件：他们绝对不能坐同一班高铁，否则他就不回去。

事实上，小摩的叛逆可能有着更深层次的原因。小摩之所以如此坚决地追求独立，主要是因为他感受到了父母对他强烈的控制欲。父母一直试图左右他的一切，从日常的饮食到家庭旅行似乎都在他们的掌控之中。这种强烈的控制欲让小摩感到受限，因此他选择了走自己的道路，即使这意味着与父母保持距离。然而这也不可避免地给他带来了孤独。

14.2 知己知彼

带着对这个"小魔头"的回忆，小摩和我如约见面，3年不见，他沉稳了很多。他对我说："老师，很感谢你当年陪我拼的那个高达。"我的思绪不禁被拉回到3年前。

当时我向小摩的父母打听到他喜欢拼高达模型，于是故意买了一个万代的高达模型放在办公桌上，然后假装不知道小摩的喜好。等小摩的父母带他见我的时候，他看见我桌上的"MG红色异端"时，立刻激动地问："老师，你也喜欢玩高达？"

我为了避免露馅儿，说："我倒是不喜欢玩，但我有个朋友要过生日了，我想拼起来送给他，正愁不会拼呢。"

小摩一下来了精神："老师，包在我身上，我都拼好十几个了。"

我和小摩立刻动手进行拼装。还记得那个高达模型有2000来个零件，我和小摩几乎拼了整整一天的时间。

正是拼高达模型这件事，让我彻底走进了小摩的内心。我并没有以师长的身份打压他，也没有以讨好的姿态故意接近他，而是以一个不会拼高达模型的"求助者"的身份走近他。这也是3年后他仍对这一幕念念不忘的原因。小摩说："老师，你知道吗？5岁的时候我就开始学弹钢琴，补课。我就是小时候上了太多补习班，才对学习产生了逆反心理。"

我回应："哇，5岁学弹钢琴？那真的挺早的。"

小摩点点头："是的，我爸一直认为教育很重要，所以一直给我安排各种课程。"

我继续引导他："那听起来你应该很受欢迎，因为学了很多东西。"

小摩苦笑着说："其实并不是，小时候朋友都在玩，而我只能待在教室里学习。虽然获得了更多机会，但我也感到压力越来越大。"

我好奇地追问："那你觉得，如果当时你爸不那么严格，你的学业可能会更出色吗？"

小摩思索了一下，然后回答："如果有更多自由的时间，也许我会更享受学习。"

听到这里，我也恍然大悟，时隔3年，再回过头来看小摩的成长，他就是一个从小被父母放进"恐慌区"的孩子，过高的学习难度反而让他失去了学习的兴趣。那3年前拼完高达模型后，我是怎么做的呢？

14.3 80分游戏

拼完高达模型，我又和小摩聊了聊学习，我发现，和对高达模型的得心应手不同，小摩的学习基础实在是太差了，和前文中的小胡一样，他也不会算分数加减法。

看了他的试卷我欲哭无泪，不过还是让我发现了一个小玄机——小摩的立体思维特别好,想必这也是他能把2000来个零件的高达模型拼得那么好的原因。小摩的立体几何好到什么程度呢?就是明明可以用建坐标系的简单方法做,他偏要画辅助线,即使要画10条辅助线,他也能做出来。

他有敢做的题,那我就有信心让他完成知识迁移,一通百通。我告诉小摩的老师:你们只有一个目标,就是让小摩的练习始终处于"拉伸区",我形象地称之为"80分游戏"。

打个比方,一张试卷上有10道题,如果小摩能做对8道题,可以得80分。这时候,小摩就很愿意花时间来研究另外2道不会的题,因为他知道他有潜力做得更好。这种情况下,小摩很容易进入心流,全身心地投入学习和练习。

但如果情况反过来,试卷难度过高,小摩只会做2道题,而有8道题不会,那么他很可能会感到沮丧,无法坚持下去。试想一下,如果你的老板要你明年将业绩提高5倍,你还有动力继续努力吗?

然而,"80分游戏"听起来似乎很简单,实际执行起来却相当具有挑战性。这需要老师们对小摩的知识掌握情况有深度的了解。

了解小摩的知识掌握情况不是一蹴而就的事情,这要求老师们深入研究他的学习方式、强项和弱项,以及他在不同学科和领域的表现。这需要耐心、持续观察和关注,更需要敏锐的洞察力,以便将学习任务调整到恰到好处的难度。

老师们需要不断评估小摩的学习水平,以确保他既不会感到压力过大,也不会觉得过于轻松。老师们需要精确地评估他对每个学科的掌握程度,了解他的学习进度,并根据需要调整学习计划和任务。

此外,老师们还需要与小摩保持密切沟通,倾听他的反馈和需求。这种双向的沟通是确保学习任务的难度恰到好处的关键。如果小摩感到某个学科太过困难或挑战性不足,老师们可以根据他的反馈进行调整,以确保他能够继续保持积极的学习动力。

好在各学科的老师们都迅速理解了我的意图,并且成功地将这一理念付诸实践。他们的协作精神和专业能力使"80分游戏"计划得以顺利执行,为小摩的学业发展铺平了道路。

小摩并不是一个愚笨的学生。事实上,他一直拥有出色的学习潜力,只是之前陷入了"恐慌区",在学习中备受煎熬。然而,有了"80分游戏"这个心流法宝,他的学习状态发生了天翻地覆的变化,学习成绩迅速提升。

看着小摩的状态,我脑海中不禁浮现出3个字——炼丹炉。

14.4 炼丹炉

小摩能够迅速成长,可以说"80分游戏"就是他的"炼丹炉"。

老师们为小摩量身打造的学习任务,可以被看作炼丹炉中的材料。这些学习任务始终保持在一个恰到好处的难度,让他始终处于考80分的"拉伸区",小摩在这个过程中不断适应和提高。

随着他的"对手"一点一点变得更强,小摩也在不知不觉中变得更强大。就像孙悟空被太上老君关进八卦炉里一样,随着炉火逐渐升温,孙悟空练就了一副火眼金睛。

这不禁让我想到了《射雕英雄传》中周伯通被黄药师困在山洞里,不得已练习左右互搏打发时间,我们的学校也像一个"山洞"。

这个"山洞"代表了他的学习环境,而小摩的老师们是他的左手,小摩则是右手。老师和小摩的对练,就像周伯通在山洞里练武功。在"左右互搏"的学习环境中,他不仅在学习成绩和知识水平上取得了巨大的进步,而且培养出了坚韧和有毅力等优秀品质。

正如我一再强调的,教育者应该向游戏设计师学习,了解他们如何让玩家进入心流，因为几乎所有成功的游戏都依赖于难度的缓慢提升。

回忆一下玩俄罗斯方块这个游戏的情景。一开始，方块的下落速度很慢，以便玩家适应操作，随着游戏的进行，方块的下落速度逐渐加快，直到玩家的反应和操作无法跟上，游戏结束。在这个过程中，游戏的难度梯度被精心设计，以确保玩家始终保持专注和兴奋。

然而，令人遗憾的是，很少有教育工作者会深入了解每个学生的知识掌握情况，但这一点恰恰是决定学生能否进入心流的关键因素。

第七篇

悬赏令:
即时的反馈达到心流巅峰

本篇将讲述帮助孩子进入心流的最后一个要点,也是最具挑战性的一点——设置即时的反馈机制。有相当多的教育者认为,奖励会破坏孩子的内驱力,因此实现这两者的平衡,需要我们有极大的智慧。

第十五章

终极法宝：外驱力激发内驱力

要想进入心流,不仅需要适当的挑战和个人兴趣,还需要即时的反馈机制。这就像在游戏中,玩家进行各种操作后能够立即看到自己的游戏角色受到了怎样的影响,这种即时反馈能够让玩家更加投入游戏,从而进入心流。

15.1 奖励的不同

我经常在自己的微博上解答家长提出的问题,有一个问题让我印象很深刻。

一位家长问:"用奖励是否可以直接让孩子感到快乐?比如告诉孩子考进年级前 10 名奖励你 100 元。"

我回答:"可以。"

这位家长追问:"这样会不会使孩子的内驱力转变为外驱力,让孩子变成仅为了金钱而学习?"

我答复:"实施方式极为关键。"

如果家长直接说"考进年级前 10 名就奖励你 100 元",这实际上会削弱孩子的内驱力。

但如果家长说"如果你能考进年级前 10 名,那真是太牛了,我从私房钱里掏出 100 元奖励你",则会有不同的效果。

注意,这样说的精髓在于"私房钱"——奖励孩子钱不是目的,让孩子感到爽才是目的,这样才能激发孩子的内驱力。

什么是内驱力?

内驱力指的是个体自发地、因个人兴趣或满足感而进行某项活动的驱动力。

那么，一个人为什么会自发地想做某件事情呢？

答案很简单，因为做这件事可以让他感到快乐、满足、自豪，在他看来这是一件极为了不起的事。没有内驱力，又怎么会有那么多人"为爱发电"呢？

因此，学习心流学习法，我们一定要避免把"九阴真经"练成"九阴白骨爪"。

为了帮助你理解和实操，请让我来讲一下我的学生小虾的经历。

15.2　打架风波

小虾是一个高中生，他的家庭条件非常好，每个月的零花钱比我们本地的平均工资都高。从小父母就无微不至地照顾他，几乎满足他的所有需求，这让他变得特别叛逆，不愿接受任何约束。

小虾所在的学校是一所著名的高中，学校内竞争激烈。小虾一开始还很努力地学习，但随着时间的推移，他逐渐感到厌倦，于是开始放纵自己。他不按时交作业，经常旷课，甚至在课堂上睡觉，这让老师和家长非常担忧。

小虾一直觉得自己过得不如意，父母只关心他的物质需求，而忽视了他的情感需求。他还发现自己在学校里不受同学欢迎，他常感到孤独和无助。

某天，小虾的老师给他们布置了一些作业。小虾在完成作业的过程中遇到了困难，于是他去找老师答疑。然而，老师却对他说："这还用问？"

小虾听到这句话后，内心的怒火瞬间被点燃。他认为老师不应该把他的问题看成小问题，应该给予他更多的关注和帮助。

于是，小虾激动地指责老师不够关心学生，不够负责任。老师试图安抚他，让他冷静下来，但是小虾却越发激动，最终失去了控制，挥手打了老师一巴掌。

周围的空气瞬间凝固，小虾意识到自己犯了错误，他非常后悔，希望能够得到老师的原谅。

经过商讨，学校决定将他劝退，并通知了他的父母。

小虾的父母非常难过，他们为孩子提供了极好的生活条件，也给予了他充分的自由。他们一直以为这样的教育方法能够让孩子成为一个独立、有责任心的人，但现在，他们意识到他们的教育方法可能存在问题。

小虾的父母第一时间找到学校的校长和老师，希望了解事情的来龙去脉。在与校长和老师的沟通中，小虾的父母没有试图为自己的孩子辩护，没有抱怨学校的决定。相反，他们非常配合学校的处理，积极帮助孩子面对自己的错误。他们还主动向校长和老师表示，他们愿意为孩子的行为承担所有的责任，包括道歉和赔偿。

小虾的父母反思自己的教育方法，他们意识到他们太过溺爱孩子，导致孩子缺乏足够的责任感和自我约束能力。他们和小虾一起思考如何改变这种状况，让小虾能够从这次失败中吸取教训，成为一个更加独立、自信的人。

尽管小虾的父母非常痛苦和失落，但他们并没有放弃小虾，相反他们一直陪在小虾身边，给予他精神上的支持和鼓励。他们相信小虾能够从这次失败中汲取力量，成为一个更好的人。于是他们开始寻找一些专业人士来帮助他们处理这个问题。就这样，我认识了小虾。

15.3 内驱力的陷阱

小虾的父母来到了我的办公室，中午的阳光透过窗户洒进来，给办公室增添了一丝温暖和舒适。小虾的父母看起来都很疲惫，他们低着头，手中握着咖啡，不停地搅拌。我静静地坐在他们对面，等待着他们的倾诉。

"老师,我们真的不知道该怎么办。"小虾的母亲说,"我们一直都很注重孩子的教育,给他提供了最好的条件,可是他还是这样。"

"从小我们就跟他说,只要考上好大学,我们就给他买一辆奔驰。"小虾的父亲接着说,"我们一直认为钱不是问题,重赏之下必有勇夫,哪曾想孩子会变成这样。"

我听得目瞪口呆,说:"其实我们在教育孩子的时候,更应该注重培养他们的内驱力。"

小虾的父母愣了一下,然后小虾的母亲问:"什么是内驱力?"

"内驱力是指孩子从内心深处感受到学习的乐趣和意义,而不是因为外部的奖励或惩罚而努力学习。"我解释道。

"那我们该怎样培养他的内驱力呢?"小虾的父亲问。

"你们听过这样一个故事吗?"见他们进入状态,我详细展开了这个故事。

一个年迈的老太太退休以后在郊区买了一栋别墅,别墅的前面是一块绿油油的草坪。她每天在草坪上喝茶,看日出日落,日子过得十分惬意。

可是有一天草坪上来了一群踢足球的男孩,不仅吵得老太太无法休息,还把她家的玻璃窗砸碎了。老太太实在忍受不了这群男孩的骚扰。

一个周末的傍晚,男孩们又来草坪上踢球。老太太拿着糖果出去招呼男孩们,并和男孩们说:"奶奶太喜欢你们踢球了,只要你们来这里踢球,奶奶就会给你们1元。"

男孩们愉快地答应了,于是每天都来踢球。

可是过了一段时间,老奶奶说自己的经济情况不太理想,不能给他们1元了,只能给5角。男孩们听了很不开心,还是勉强来踢了几次球。

又过了一段时间,老奶奶说以后不会再给他们钱了。男孩们听了很生气,再也不来踢球了。从此以后老太太又过上了安静的生活。这就是男孩们的内驱力被金钱破坏了。

小虾的父母听完故事，沉默了片刻，似乎懂了我想表达的意思。然后小虾的母亲问："老师，你说得太好了，我们把孩子送到你的学校行吗？"

我笑着点了点头，目送他们离开办公室，我的心中涌起一丝温暖和感动。我相信，只要我们尊重孩子的内驱力，给予他们适当的挑战和支持，他们一定会有所成长和进步。

在这个世界上，每个孩子都是独一无二的，都有自己独特的天赋和潜力。然而，家长们往往会被社会的评价和标准影响，将自己的期望强加给孩子，忽略孩子内在的需求和愿望。

小虾的父母就是一个典型的例子。他们使用物质奖励来激励孩子学习，以为自己在帮助孩子，却忽略了孩子内心深处的动力。这种做法不仅不能达到预期效果，还可能对孩子造成负面影响，让孩子失去对自我的认同，无法感受到自我价值。

其实在我们的生活中，有很多家长会采用类似的方式，通过物质奖励来激励孩子。他们可能会对孩子说："如果你考了 100 分，我就给你买一件新衣服；如果你能考上好大学，我就给你一辆车。"这种方式可能会让孩子暂时变得积极主动，但是长远来看很容易破坏孩子的内驱力，让他们逐渐失去学习的兴趣。

因此，我们应该尽可能地避免单纯使用物质奖励来激励孩子，但使用物质奖励就是错的吗？当然不是，本章将教你一个更厉害的技法——制造心流的场域。

15.4 悬赏令与心流场域

解决了劝退风波以后，我决定将整个心流学习法做一个有机整合，让小虾,也让学校里的每一个孩子都可以在学习中进入心流。我将其称为心流场域,在这个场域里,大家会不知不觉地掌握心流学习法的6个法宝。为了帮助读者更好地理解心流法宝是怎样帮助孩子的,让我们先一起来回顾这6个心流法宝。

第一个法宝是自发的愿望。孩子必须有自己的学习目标,并且对实现目标充满动力,才能真正地进入心流。在心流场域中,老师可以帮助孩子找到自己的兴趣,激发孩子的学习热情,从而帮助孩子更容易地进入心流。我们可以用"日月星"理论对孩子进行区分。

第二个法宝是规则与目标。在心流场域中,孩子需要了解并遵守相应的规则,以便能够集中精力进行学习。这些规则可能包括课堂纪律、学习任务、时间分配计划等。老师需要明确地传达这些规则,并确保孩子遵守规则,以帮助他们保持专注并进入心流。我们把费曼学习法(即"教是最好的学")视为检验孩子是否掌握所学知识的核心规则。

第三个法宝是清晰的路径。在心流场域中,孩子需要知道自己要学习的内容,以及应该如何学习。老师需要提供明确的学习路径,包括学习目标、学习资源、学习步骤等。这些指导可以帮助孩子更好地规划学习,避免迷失方向,从而进入心流。我们可以使用"数学墙"来为孩子提供清晰的学习路径。

第四个法宝是自信的掌控。在心流场域中,孩子需要相信自己能够掌控自己的学习过程,这样才能保持专注并进入心流。老师需要帮助孩子培养自信心,鼓励他们探索和尝试新的学习方法,从而更好地掌控自己的学习过程。我们用"秒杀课"帮助基础薄弱的孩子建立自信。

第五个法宝是合适的难度。在心流场域中,孩子需要面对难度适当的挑战,这样他们才能更容易进入心流。老师需要提供难度适当的学习任务,既不能太简单,也不能太难。适当的难度可以帮助孩子克服困难,从而更好地进入心流。我们可以用"炼丹炉"的"80分游戏"让孩子始终处于"拉伸区"。

第六个法宝是即时的反馈。在心流场域中,即时的反馈机制是非常重要的一环,它能够帮助孩子更好地理解自己的学习进度,及时发现问题并进行调整。

15.5 优等生霸榜

在我刚从事教育工作的时候,为了帮助学生进入心流,我曾经设置过一种即时反馈机制,即给优等生发放一定数额的奖金作为激励。然而我很快发现,这个机制的效果并不明显。

于是我改变了奖励的形式。我买了一个玻璃展柜,放进了AJ的鞋盒——高中男生最喜欢的东西。花了同样的钱,我很快就看到了效果。学生们表现得更加积极了,他们在每周的考试中激烈竞争,为了拿到帅气的鞋而拼尽全力。同时,我还为每个获奖的学生制作了荣誉证书,贴在班级里的荣誉墙上,让其他学生也能看到他们的成绩。这些措施让学生们感到自己的付出得到了认可,从而更加努力地学习。

此外,我尝试提升颁奖的仪式感,让获奖学生感受到更多的荣誉和认可。于是,我投入了更多的精力和时间在颁奖仪式的策划上。

我将颁奖仪式的地点从普通教室改到学校礼堂。我精心布置了礼堂的装饰,让它充满二次元励志元素,并播放学生们喜欢的音乐,为颁奖仪式增添气氛和趣味性。

同时,我将颁奖仪式改为一个小型的演讲会。在颁奖之前,我邀请一些名校的学长来分享他们的学习经验和心得,让所有参加颁奖仪式的学生都能够从中汲取灵感和启示。在演讲会结束后,我为优秀学生颁奖,每个获奖学生都有机会上台分享自己的学习心得和感悟，让其他学生也能够从中受益。

在这样的颁奖仪式中，获奖学生们的心情都被提升到了一个全新的高度。他们感受到了自己在学校的重要性和价值，也更加意识到了自己的学习责任和义务。对于其他学生来说，这样的颁奖仪式也可以激励他们更加积极地投入学习中。

然而，随着时间的推移，这种方法暴露出了两个特别大的问题，一是奖励优等生会让 80% 的学生失去学习动力，因为他们没有希望拿到奖励，那干脆不学了；二是这种外驱力的奖励会让获得奖励的 20% 的学生变得扭捏，因为他们从小就接受孔融让梨式的谦让教育，总是获得奖励会让他们觉得自己不该这么争强好胜。你看，明明我的出发点是好的，却如此容易破坏学生们的内驱力。

在教育领域，激励是促进学生进步和发展的重要因素之一。然而，许多激励措施往往并不能真正激发学生的积极性和热情，而只是教育者的"自嗨"。因此，我们需要制定更加有效的激励方案。

首先，奖品必须诱人。奖品对学生来说是主要的激励之一，因此奖品的诱惑力是至关重要的。如果奖品不够诱人，学生将不会有太大的动力去争取。为了让奖品更加诱人，我们应该根据学生的需求和兴趣来准备。例如，对于爱好音乐的学生，可以准备音乐器材或演唱机会等奖品；对于喜欢运动的学生，可以准备体育器材或运动场地的使用权等奖品。只有将奖品与学生的兴趣和需求相结合，才能真正提高学生参与的积极性。

其次，奖品形式也应该符合学生的喜好。随着互联网和移动设备的发展，学生的娱乐和学习方式发生了很大变化，因此我们也应该在奖品形式上与时俱进。例如，可以准备电子书、在线课程、游戏道具等数字奖品，让学生在获得奖品的同时也能够更好地利用网络资源来学习和娱乐。

最后，激励不应只停留在奖品上，还应该考虑到学生的成长和发展。我们应该鼓励学生在参与活动的过程中，不断提高自己的能力。例如，可以安排优秀作品展示或比赛的环节，让学生有机会展示自己的才华和成果；同时也可以通过专家评审或同学互评等方式，让学生从中获得更多的反馈和建议，不断完善自己的作品和技能。

那么我们该怎么解决这样的问题呢？

15.6 个性化竞争

前面的激励方案虽然对优等生有效，但对其他学生却效果不佳，他们很容易自暴自弃，觉得自己永远也追不上那些学习成绩优秀的同学，因此很容易失去信心和动力。为了解决这个问题，我采取了一项新的措施，那就是让各科老师与每位学生谈心，共同制定他们的目标。

在这个过程中，老师要了解学生的学习情况，然后为他们量身制定相应的学习目标。比如一个学生的成绩只有 400 分，那么老师会帮助他制定一个提高到 500 分的目标。同时，老师要根据每个学生的实际情况，制订出具体可行的学习计划，包括每周的学习时间和内容等。

随着目标和计划的确定，我向学生们介绍了一个新的政策，那就是将比赛的评价标准从总成绩转变为目标完成度，以激励后进生。比如目标为提高 100 分的学生提高了 20 分，那目标完成度就是 20%。

这个政策一出，全校学生都沸腾了。很多学生开始努力学习，其中小虾是最积极的一位。他每天会花费几个小时的时间来做题。有时候，我甚至发现他深夜 12 点半仍然站在"数学墙"下看例题。学校的学习氛围发生了明显的变化。

这个政策的另外一个好处是可以让学生们认真思考自己的学习目标和

规划，同时也可以让他们更加了解自己的能力和弱点，更好地调整学习方法和提高自己的成绩。

小虾也不例外，他认真思考自己的学习目标和规划，并找到了自己的弱点。他发现自己在语文和英语学科存在不足，于是他开始刻苦学习语文和英语，每天抽出专门的时间来做练习题和背单词。经过一段时间的努力，小虾的语文和英语成绩有了明显的提高，他更加有信心和动力学习了，而且在其他学科也展现出了更加积极的态度。

在这个政策的推动下，全校学生都表现出了更加积极的学习态度和动力。他们认真思考自己的学习目标和规划，更加注重对学习方法和技巧的运用。他们的学习成绩也有了明显的提高，许多学生甚至超额完成了自己的目标，赢得了丰厚的奖励和巨大的荣誉。

这个政策的成功，不仅得益于奖励的诱惑和目标的制定，更关键的是老师们对每一个学生都给予了足够的关注。学校提供了必要的资源和平台，老师们也积极参与到学生们的目标制定和进度追踪中，提供了必要的指导和帮助。

15.7 来了！费曼场域

解决学生们的学习动力问题之后，我又开始思考如何引导学生们更好地掌握费曼学习法。

既然费曼学习法强调以教促学，何不让他们进行分组学习呢？把一等奖颁发给小组，如果小组中有组员"拖后腿"，其他人就会想办法给他讲明白，这样不仅这个组员能够得到帮助，讲解人自己对知识的理解也会得到深化。

于是我在班会上向学生们宣布了这个决定。学生们听后兴奋不已，纷纷表示要尽全力去争取这项荣誉。

随着时间的推移，学生们的成绩越来越好，他们变得更加积极主动，自觉地互相帮助，互相学习。小组之间的竞争让学生们学习更加刻苦，而组员之间的互帮互助又让他们结下了更深厚的友谊。

我也深深地感受到了学生们的进步，他们的思维变得更加清晰，对知识的理解也更加深刻。最终，我们全校 100 多个学生，在短短的 9 个月时间里，人均提高了 100 分。

经过这次成功的尝试，我也深刻认识到了教育的力量。教育不仅是传授知识，更重要的是帮助学生们进入心流。作为一名教育者，我的责任就是激发学生们的学习热情，让他们拥有良好的学习习惯和团队合作精神。

一流的教育者真正重要的工作，是成为时间的魔术师，引导孩子们进入心流，忘记时间的流逝，在不知不觉中学到知识。这对教育者来说需要付出大量的努力，但这场"魔术之旅"本身也是一种乐趣。

孩子进入心流的 8 个特征

后记

积极心理学的奠基人之一米哈里·契克森米哈赖曾收集了10万份调查问卷，用来调查人对于自己人生中最优体验的描述。他发现大家对最优体验的描述非常一致，都是忘记时间，并且事后还能获得巨大的满足感。

这份关于心流的研究跨度极大，覆盖了学生、企业员工、作家、自由职业者、猎人、运动员、音乐家等各种群体。当他们进入心流后，都会全神贯注地工作，忘记时间的流逝。

米哈里给出了使心流产生的8个要素，我们的教育团队将这些要素应用在教育领域中，总结出如果孩子有了以下8个特征，就说明他进入了心流。

（1）有可完成的学习任务。

（2）有明确的目标。

（3）有即时的反馈。

（4）全神贯注。

（5）排除外界干扰。

（6）可以掌控局面。

（7）进入忘我的状态。

（8）忘记时间的流逝。

1. 有可完成的学习任务

孩子进入心流的第一个特征是有可完成的学习任务，简单来说就是孩子明白自己在做什么事情。

这句话听起来很简单，但遗憾的是大部分孩子并不明白自己在做什么事情，甚至连一些家长和老师都讲不清楚自己需要孩子做什么事情。

许多家长和老师很有默契地给出了一个糟糕的说法：现在多吃苦，等上了大学就轻松了。

这个说法的第一个糟糕之处在于，把孩子现在做的事情和吃苦画上等号，在潜意识中给孩子植入了一个可怕的概念：你在小学、初中、高中阶段所做的事情都是痛苦的、煎熬的。

在这样的前提下，我们却要求孩子喜欢学校、喜欢学习、喜欢做作业，这怎么可能呢？

这个说法的第二个糟糕之处在于，这种痛苦是无穷尽的。"现在多吃苦，等上了大学就轻松了"给人的直观感受，就像希腊神话里的普罗米修斯，因为盗取火种被惩罚，白天被鹫鹰啄食肝脏，而晚上肝脏又长好，日复一日，永无尽头。

而那些能够进入心流的孩子通常都有明确的可完成的任务。比如我教过的一个学生，他每天的任务是在早上下第一节课之前做完两套理综试卷，于是每次考试，他都能唰唰地答题。

另一个学生给自己定的任务是在晚自习写完作业，然后不背书包回家，这样他就可以回家后早点睡觉。他也是据我所知班里唯一喜欢在学校写作业的学生。

我还教过一个学生，他给自己的任务是每天写完作业之后再做一套数学、理综或英语真题。为了完成给自己设定的任务，他常常学习到凌晨1点。

这些都是可完成的学习任务，与之相比，所谓的"现在多吃苦，等上了大学就轻松了"并不算任务，只意味着无尽的煎熬。

2. 有明确的目标

孩子进入心流的第二个特征是有明确的目标。

这个"明确的目标"同样存在巨大的误区。外行人士会将目标定为考入重点高中、名牌大学，但这些绝不能叫作明确的目标。

以游泳运动员为例，游泳运动员会跟家人和朋友说，希望在下次比赛中获得奖牌，但当他和内行人士及他的教练制定目标的时候会说，希望能把1分钟打腿的次数增加到100次，或者把划手的效率提高到50米15次。

同样的道理，一名学生把目标制定为考入重点高中、名牌大学也是不恰当的。

掌握100个公式或3500个单词，才能叫作明确的目标。

通常学习好的孩子会表现出非常强大的规划能力，能分析出自己哪里能得多少分，哪个学科还有哪些薄弱环节。

教育者容易犯的一个根本错误是忽视明确目标的重要性。他们往往把问题归结于孩子的主观因素，认为是主观不努力导致了没有好结果。但作为心流魔术师，我们要从问题的根源去寻找有效的解决方案。

没有明确的总目标，就意味着没有明确的分目标，也就没有明确的小目标。如果总目标不能被分解，不能被量化，那么孩子在行动时就会失去方向，无法有效地朝着目标前进。

学生的任务也很简单——掌握100个公式或3500个单词。

不要将教育任务复杂化。

3. 有即时的反馈

孩子进入心流的第三个特征是有即时的反馈。家长和孩子可能会疑惑，学习这件事情的反馈周期非常长，可能要寒窗苦读12年，才能得到一个理想的结果。这只是一般人的常见想法，那么"学霸"们是怎样从学习中获得即时的反馈的呢？

回忆你的学生时代，你一定在考场上见过这样的人：答题答得飞快，你刚做到选择题的第 4 题，他已经翻页了，他的快乐并不是在寒窗苦读 12 年之后拿到录取通知书时才得到的，而是用 15 分钟做完试卷的第一页就可以得到，甚至做完一道题就可以得到。心流选手们从学习中获得的快乐比你想象的多很多。

值得教育者注意的是，心流级别的即时反馈，往往需要有超越物质的意义，这个意义越有趣越好。

我们仍然以运动为例，在打乒乓球的时候，每一次挥拍，运动员都有一个目标，就是把球打到对方接不住的位置。但这其实没有物质上的意义，把球打赢了又能怎么样呢？运动员之所以能进入心流，是因为他们得到了超越物质意义的反馈。

这种超越式反馈在学习中也极为重要，我们会发现有些孩子特别喜欢背生僻的古诗、单词，寻找一些特别巧妙的解题方法，他们想要追求的其实是内心深处的满足感和成就感。

那些在考场上快速翻试卷的学生就是在追求超越物质意义的有趣反馈。

我小时候就有这样有趣的心流体验。我出生在一个偏远山村，小学的时候，学校的印刷资源非常紧张，于是学校奥数队考试的时候老师不会提前印卷子，而是直接在黑板上抄题目。我们要先把题目抄写下来，再开始考试。我和班上的另一个同学经常比赛谁能最快交卷，于是我们一边快速地抄题目，一边解题。等老师在黑板上抄完题目的时候，我们俩噌一下站起来，在全班同学的注目中离开考场，那种成就感简直无与伦比。

我还听过一个朋友分享他自己的有趣反馈，他的数学成绩不太好，于是他每次考完试看到排行榜和成绩单，都会把自己的数学成绩从总成绩中减掉，假定自己数学交了白卷，看一看自己还能在班级里排多少名。

这样的玩法比单纯的成绩反馈有趣得多。

4. 全神贯注

孩子进入心流的第四个特征是全神贯注。有一篇名为《陈毅吃墨水》的文章，可以很好地展现这个特征。

故事讲的是陈毅元帅幼时酷爱读书，总是把书带在身边，有空就看几页，如果发现了一本好书，那简直比什么都让他高兴。有一次他到一位亲戚家过中秋节，一进门就看到了一本自己很想读的书，于是他忘记了一路奔波的疲劳，立即专心读起书来，一边读一边用笔批注。

他完全沉浸在书中，亲戚几次来催他吃饭，他也舍不得将书放下。亲戚把刚蒸好的糍粑给他端过来，谁知他嘴里吃着糍粑，注意力却在书上，糍粑本来应该蘸糖吃，可他竟然把糍粑伸到砚台里，蘸上墨汁，送往嘴里。过了一会儿亲戚又给他端来面条，只见他满嘴都是黑色的墨汁，众人都忍不住哈哈大笑起来，陈毅却平静地说，吃点墨水没关系，我正觉得肚子里墨水太少了。

遗憾的是大多数孩子都是在看电视、刷短视频和玩游戏的时候才能全神贯注。

这说明了 3 个重要的问题。

（1）不是孩子没有进入心流的能力，而是我们没有给孩子提供适当的帮助和引导。

（2）游戏、影视作品中有很多值得我们学习的特质，它们被设计出来就是为了引导人们进入心流，我们应该学习其中的心流元素。

（3）很多时候队伍的涣散源于管理者的懒惰，要知道一个游戏可能需要投资 10 亿元，由 1000 个人在一起废寝忘食地研发好几年。我们是否为孩子精心设计了成长方案呢？

与其要求孩子进入心流，不如要求我们自己成为心流魔术师。

5. 排除外界干扰

孩子进入心流的第五个特征是排除外界的干扰。

许多球类运动员有这样的进入心流的感受——在极度专注的某一个瞬间，赛场上只剩下自己和手中的球。这是一种禅的境界，心神凝聚于一点，就会进入一种忘我的境界。

前文中提到的学生每天早上下第一节课之前会做两套理综试卷，尽管班里有琅琅读书声，尽管老师在讲台上讲课，但他都如老僧入定一般，听不见外界的声音。

6. 可以掌控局面

孩子进入心流的第六个特质是他们可以掌控当下的局面。

挑战的难度过高或过低，都会影响心流的产生。如下图所示，孩子最佳的状态应当是本身的技能和面对的挑战都在相对高的位置，这样孩子才会获得强大的成就感和优越感，从而持续处于心流通道中。

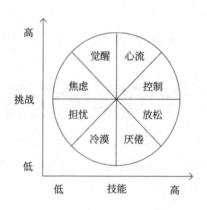

而最接近这个位置的，应该是左侧的觉醒区和右侧的控制区。

处于觉醒区的孩子，挑战略高于技能，这个时候孩子通过勤奋训练，就可以让自己进入心流。此时，孩子是不抗拒学习的，因为心流的回馈非常多。这样的现象常常发生在班级排名前20%的学生中，他们往往是最渴望提升自己成绩的学生。

而处于控制区的孩子，技能略高于挑战，这个时候孩子会主动为自己寻找新的挑战，追求心流带来的快感。这样的现象常常发生在班级里的"顶级学霸"中，他们需要去更好的班级或参加更高规格的竞赛。

遗憾的是大部分人学习时处在担忧区和焦虑区，这样的现象往往发生在班级排名后40%的学生中。他们面临的挑战是自身无法掌控的，此时我们需要为他们降低难度，把他们重新拉回心流区。

7. 进入忘我的状态

孩子进入心流的第七个特征是进入忘我的状态。

我教过的一位文科学生给我讲过他读诗词和历史书时的感受。他形容那是一种仿佛穿越时空，与千年以前的先哲指尖相触碰的感觉。

普通学生学习历史都止于死记硬背一个又一个历史事件，而这位文科学生学习历史是从"上帝的视角"看所有平行宇宙的推演。他让刘邦和朱元璋比管理，让慈禧和武则天斗权谋，让韩信和孙膑拼兵法。

我教过的一位理科学生给我讲，在他眼前的不是枯燥无味的公式，而是高斯、牛顿、门捷列夫在为他布道。

8. 忘记时间的流逝

孩子进入心流的第八个特征是忘记时间的流逝。

前文中讲过的所有心流选手一定都有忘记时间流逝的体验。

在亲戚家就着墨水读书的少年陈毅，抬起头才发现天已经黑了。

每天晚上写完作业要考自己一套试卷的学生，抬起头才发现已经到凌晨了。

放学铃声响起，学霸还在心中与牛顿角力。

……

最后，祝愿所有读者——无论是成年人还是孩子——都能体验到心流的美妙，它是你成为自己，获得成功和快乐的必由之路。